Leinen los!

Auch in diesem Jahr möchten wir Ihnen wieder einen außergewöhnlichen und umfangreichen Überblick über "das schönste Segelrevier Nordeuropas" - die deutsch-dänische Ostseeküste - geben.
Konsequent über die Landesgrenzen hinweg, haben wir alles Wissenswerte für Skipper - aber auch für echte Landratten - zusammen getragen:
regionale Sehenswürdigkeiten, maritime Dienstleister, tolle Einkaufsmöglichkeiten und lohnenswerte Veranstaltungen.

Erstmals stellen wir die "Tourismusregion Flensburger Förde" vor:
Eine deutsch-dänische Kooperation für die Entwicklung und Vermarktung der Region rund um die Flensburger Förde.
So lernen Sie in dieser Ausgabe neue Kommunen und Gemeinden kennen, natürlich verbunden mit viel Wissenswertem und mancher interessanten Geschichte aus dem ein oder anderem Ort.

Hier erwartet Sie ein Urlaub in zwei Ländern!
Wo können Sie so etwas schon erleben?
Genießen Sie die schönsten Highlights hier im Norden, direkt am Tor zu Skandinavien und schreiben Sie uns, wenn Sie etwas vermissen.

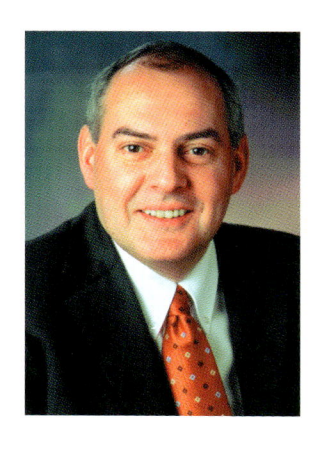

Wassersport- und insbesondere Segelfans und die Fachzeitschriften im Bereich Segeln sind sich einig: Die Flensburger Förde zählt zu den schönsten Segelrevieren Europas.

Die Kulisse der Förde ist einmalig, das Angebot der Region an Yachthäfen, Charteragenturen und Bootsausrüstern umfassend und die Möglichkeiten, Urlaubstage an Land zu gestalten, sind vielfältig. Reizvoll und sich gegenseitig bereichernd grenzen hier zudem zwei Sprachen und zwei Kulturen an einander.

Was lag da näher, als die zahlreichen deutschen und dänischen Angebote rund um die Flensburger Förde in einer ebenso benannten Broschüre zu bündeln? Wo kann ich ein Boot chartern? Wer verkauft maritimes Zubehör? Welche Segelvereine gibt es hier? Auf diese und zahlreiche weitere Fragen rund um den Wassersport und das touristische Angebot geht diese Broschüre ausführlich ein.

So können auch Sie sich ebenso schnell und umfassend informieren, wie ich es als neuer Flensburger Oberbürgermeister an Hand der Broschüre „360 Grad" gern getan habe. Erneut aktualisiert, wird das Heft aber auch bei allen Besitzern älterer Ausgaben wieder auf großes Interesse stoßen und sicher seinen Platz in zahlreichen Bordbibliotheken finden.

Flensburg als deutsches Zentrum der Region sieht sich dabei als einer von vielen gleichberechtigten Partnern an der Förde, die ein gemeinsames Ziel verfolgen: Diese wunderschöne Region ins rechte Licht zu rücken und möglichst vielen Wassersportfans näher zu bringen. Schließlich bilden die vielen Badestrände und Yachthäfen am reizvollen deutsch-dänischen Fördeufer erst gemeinsam den wunderschönen Natur- und Erlebnisraum, den man sich als Seglerin bzw. Segler nicht entgehen lassen sollte.

Ich hoffe sehr, dass auch Sie sich, sollte das noch nicht der Fall sein, bald für einen Törn auf der Förde entscheiden und meinen Stolz einer Prüfung unterziehen, ob nun im eigenen oder im gecharterten Boot.
Dazu heiße ich Sie bereits jetzt herzlich willkommen – auf der Förde, in unserem Gastseglerhafen im Herzen der Altstadt, in der Fördestadt Flensburg!

Ihr

Klaus Tscheuschner
Oberbürgermeister der Stadt Flensburg

Kaum eine Region,

... wie die unsere, hat eine so wechselvolle Geschichte erlebt.
Herzöge, Könige, Kaiser und Präsidenten haben hier ihre Spuren hinterlassen.
Zugegeben, unsere Geschichte war nicht immer einfach, geprägt durch verwandschaftliche Verhältnisse, Kriege und Auseinandersetzungen, äußere und innere Konflikte um Identität und Zugehörigkeit.
Aber es ist ein Teil unserer typischen europäischen Geschichte, einer Geschichte mit tiefen kulturellen Spuren. Zahlreiche Schlösser zeugen noch heute von unserer eindrucksvollen Vergangenheit. Das Gråsten Slot, Sommersitz der dänischen Königsfamilie, das Sønderborg Slot, oder das Glücksburger Wasserschloß, die Wiege der europäischen Königshäuser.
Heute sind wir stolz auf ein über Jahrhunderte gewachsenes europäisches, tolerantes und schöpferisches Miteinander.
Die deutsch-dänische Grenzregion existiert in ihrer jetzigen Form erst seit dem Jahre 1920 und nimmt ihre Stärke aus den Erfahrungen ihrer langen Geschichte und ihrer besonderen Schlüsselposition zum Norden.
Sie ist in vieler Hinsicht von exemplarischer Bedeutung und bietet der internationalen Öffentlichkeit ein reichhaltiges Material zum Studium der Beziehungen zwischen Minderheiten und Mehrheiten.

Hier begegnen Sie Menschen, die alte Traditionen in Ehren halten. Offenheit gegenüber Touristen ist ganz selbstverständlich - ein "skål" zur Begrüßung ist das Zeichen grenzenloser Gastlichkeit. Egal, ob dänisch, deutsch, platt oder petuh gesprochen wird - manch verwunderliche Sprachwendung gibt es hier "an der Haustür von und nach Skandinavien".
Ein herzliches Willkommen sagen wir, und wenn aus Fremden Freunde geworden sind, dann heißt es: " Wir sehen uns - vi se's" und wir begrüßen uns gleich mit "Moin-Moin", übrigens egal zu welcher Tages- oder Nachtzeit. Also ...

Moin-Moin - herzlich Willkommen!

Eines der schönsten Segelreviere Deutschlands

Autor: Bernt Hoffmann

Die Flensburger Förde, hoch oben im Norden, gilt als eines der schönsten Segelreviere Deutschlands.

Wer sich der Flensburger Förde von See her nähert, findet die östliche Begrenzung in einer gedachten Linie zwischen den Leuchttürmen von Falshöft auf deutscher Seite und Kegnæs in Dänemark.

Die deutsch-dänische Grenze teilt das Gewässer in Längsrichtung. Allerdings ist der genaue Grenzverlauf für Wassersportler kaum sichtbar; Markierungstonnen gibt es hier nicht.

Der erste Ansteuerungspunkt indes ist der Leuchtturm Kalkgrund, der mitten im Wasser stehend, vor einer südlichen Passage warnt. "Vor allem bei Westwind sollte es niemand wagen, den Turm südlich zu umschiffen, erklärt Atze Lehmann – ehemaliger Leiter Leiter der Hanseatischen Yachtschule (HYS) in Glücksburg, der im Februar 2002 durch Werner Hagenauer abgelöst wurde und nun seinen verdienten Ruhstand genießt. "Da wird's gefährlich flach!"

Westlich von Kalkgrund erfährt der Segler die Qual der Wahl: soll nun die dänische Küste oder lieber einer der hübschen Häfen auf deutscher Seite angelaufen werden? Im Zweifel wird der Wind entscheiden.

Foto: Bernt Hoffmann

Bei starkem Westwind heißt es nämlich mit einem Boot mittlerer Größe, noch mindestens fünf Stunden die gesamte Förde bis Flensburg aufzukreuzen. "Und die See kann hier draußen ziemlich ruppig werden", weiß Atze Lehmann zu berichten.
Bei Starkwind bieten die Häfen von Wackerballig – an einer 250 Meter langen Holzbrücke als "Hafen am Stiel" – und der Yachtclub Gelting-Mole Schutz und Geborgenheit.

Wen es eher über die Grenze zieht, der kann die Geltinger Bucht im wahrsten Sinne links liegen lassen und den Kurs auf das idyllische Sonderburg abstecken. Der Yachthafen bietet viel Platz und ist über eine hübsche Uferpromenade mit der Altstadt verbunden.
Ein Besuch lohnt hier allemal.

Wirklich "hyggelig" – was übersetzt behaglich, lauschig heißt – ist die Bucht Hørup Hav, südöstlich des hübschen Segelhafens Høruphav Bådelaug.

Vom Mittelfahrwasser der Flensburger Außenförde westwärts geht es vorbei an Kragesand, jener Steilküste der dänischen Halbinsel Skelde, die wegen der am Obersaum des Kliffs stehenden Bäume seit jeher scherzhaft "Stalins Bürste" genannt wird.

Foto: Bernt Hoffmann

Auf deutscher Seite werden die Yachthäfen von Langballigau (YCLL) und der Schwimmhafen des FYCB (Förde Yachtclub Bockholmwik) passiert, ehe der Kurs durch die Holnis-Enge in die Flensburger Innenförde führt.

"Marina-Minde" – ein großzügiger Hafen mit allem Komfort – bietet auch in der Saison zumeist genügend Gastplätze. Sehenswert und von hier aus gut erreichbar: das Ziegelei-Museum in Kathrinesminde.

Im Nybøl Nor (hinter der Klappbrücke von Egernsund) liegt ein wahres Kleinod für Ruhesuchende. Gråsten mit seinem herrlichen Schloß als Sommerresidenz der dänischen Königsfamilie ist sehr empfehlenswert.

Der weitere Weg in die Innenförde führt durch die "Pappelallee", ein teilweise recht enges Fahrwasser, dessen Tonnenstrich unbedingt eingehalten werden sollte.
Vor allem mit der "bösen Schwiegermutter" (Tonne 6) ist nicht zu scherzen; wer sie landseitig rundet, sitzt schnell "auf Schiet oder trifft die Rockys" (große Steine am Holnis-Haken).

Foto: Bernt Hoffmann

Schönste Aussichten

Autor: Bernt Hoffmann

Die Flensburger Förde bietet nicht nur Wassersportlern ein herrliches Freizeitrevier, auch Zuschauer aller seeseitigen Aktivitäten kommen hier auf ihre Kosten. In "360°" stellen wir Ihnen die 25 besten Aussichtsplätze vor:

(1) Rund um den Flensburger Innenhafen gibt es bei jedem Licht Interessantes zu entdecken: Museumshafen, Museumswerft, Liegeplatz des Salondampfers "Alexandra" sind nur da einige Anregungen. Prima die Seele baumeln lassen, kann jeder, der sich auf den Stufen der Hafenspitze niederläßt oder in den Cafés hier direkt am Wasser einkehrt.

(2) Einen guten Standplatz zum Beobachten ein- und auslaufender Schiffe bietet das Ostufer im Bereich des Harniskais und auch der Wendehammer auf der Mole des Industriehafens (3). Von hier aus hat man zudem einen schönen Blick in den westlichen Teil der Innenförde.

(4) Eine noch bessere Sicht über die gesamte Innenförde gibt's in Fahrensodde. Allerdings ist hier die Zufahrt eng und der Parkraum begrenzt. Zwischen den Yachthäfen in Fahrensodde und dem Strand von Solitüde (5) verläuft eine schöne Uferpromenade.

Parken läßt sich auf dem ehemaligen DASA-Gelände (Straße bis zum Ende durchfahren).

(6) Ebenfalls empfehlenswert ist der kleine Strand in Glücksburg-Quellental sowie natürlich die gesamte Kurpromenade (7), die übrigens kostenfrei begehbar ist. Zudem bieten hier das "Intermar" und das neue "Strandhotel" wahre Logenplätze für einen gemütlichen Nachmittagskaffee.
Punkt (8) bezeichnet den (kostenpflichtigen) Kurstrand auf der Halbinsel Holnis.
(9) weist auf die Holnisspitze hin, die einen lohnenden Ausblick auf das dänische Ufer bietet.
Das Holniskliff (10) liegt im Naturschutzgebiet und ist nur auf markierten Wegen zu betreten; der Ausblick aber ist grandios! Auch die Strandabschnitte in Bockholmwik (11), Langballigau (12), Neukirchen (13) und von Habernis (14) bieten gute Beobachtungsplätze bei entsprechenden Veranstaltungen.
(15) Eine schöne und vor allem weniger bekannte Aussicht über den nördlichen Hafen hat man aus der Gallwikbucht. Von den Stränden Ostseebad und Wassersleben schweift der Blick bis zum nordöstlichen Ende der Innenförde. Gerade auch Regattastarts lassen sich von hier aus "live" erleben. Die dänische Fördeseite bietet ebenfalls wirkliche "Sahnestücke" inpuncto Aussicht:
Vom kleinen Grenzübergang Schusterkate führt der wunderschöne "Gendarmstien" (ein ehemaliger Weg der dänischen Grenzpatrouille) entlang des gesamten nördlichen Fördeufers. Dieser Weg verläuft auf weiten Strecken direkt am Ufer. Sehr empfehlenswert!
In Kollund (16) sind der Schiffsanleger sowie ein kleiner Strandabschnitt mit enger Zuwegung echte Geheimtipps. Etwas weiter östlich liegt der Kuhhaken (17) eine der Küste vorgelagerte Sandbank – nicht weit vom Fahrwasser.
Von den beiden Ochseninseln (18) ist nur die große erreichbar (die kleine ist vom dänischen Staat gesperrt). Wer rüber will, muß per Glocke den Fährmann "bestellen". Sehr urig, tolle Aussicht und leckeres Essen im Insel-Bistro!
Sandager (19) liegt sehr nah an der Wendemarke der Regattastrecken. Zudem verläuft hier die Fahrrinne für die großen Schiffe unmittelbar vor dem Ufer.
Lohnenswert ist auch das Terrassen-Café "Providence". Ein toller Platz!
Von Egernsund sowie vom Ufer der "Marina Minde" (20) aus blickt man längs über die Förde nach Westen. Traumhaft schön vor allem abends, wenn am Westhorizont die Sonne untergeht; auch noch im Herbst oder gar im Winter.
Rund um das Broagerland führt der "Gendarmstien" auf idyllischen Wegen mit bestem Ausblick.
Die Straße vorm Ziegeleimuseum "Cathrinesminde" (21) und das "Café Brunsnæs" (22) gewähren einen herrlichen Blick auf die deutsche Fördenseite.
Die Punkte (23 bis 25) eignen sich am besten für Events auf der Flensburger Außenförde oder in der Sonderburger Bucht.

Regatta-Termine

Regatta Termine auf der Insel Als	2005
Regatta rund um Als	11.06.
Championship 2005 Internationale Handicap-Regatta	26.08. - 28.08.
Opti A Cup	24.09. - 25.09.

Regatta Termine	
Jeweils Mittwochabend-Regatta FSC	04.05. - 22.06.
Robbe & Berking Classics	09.06. - 11.06.
Europameisterschaften 8mR	13.06. - 17.06.
German Open 5,5mR	11.08. - 14.08.
Norddeutsche Meisterschaft der Drachenklasse	12.08. - 14.08.
Pokalregatten Nordische Folkeboote	13.08. - 14.08.
Glücksburg Star-Cup	27.08. - 28.08.
Culix-Cup	27.08. - 28.08.
Mosquito-Cup	03.09. - 04.09.
95. Flensburger Fördewoche	10.09. - 17.09.
German Open J/80-Klasse	10.09. - 17.09.
SWAN Baltic Sea Challenge	14.09. - 17.09.
Kalkgrundregatta	24.09. 2005

	Veranstaltungen
09.05.-12.05.	Kappelner Heringstage
08.07.-10.07.	Dampf Rundum
26.12.	Grog-Törn der Traditionssegler

Foto: Bernt Hoffmann

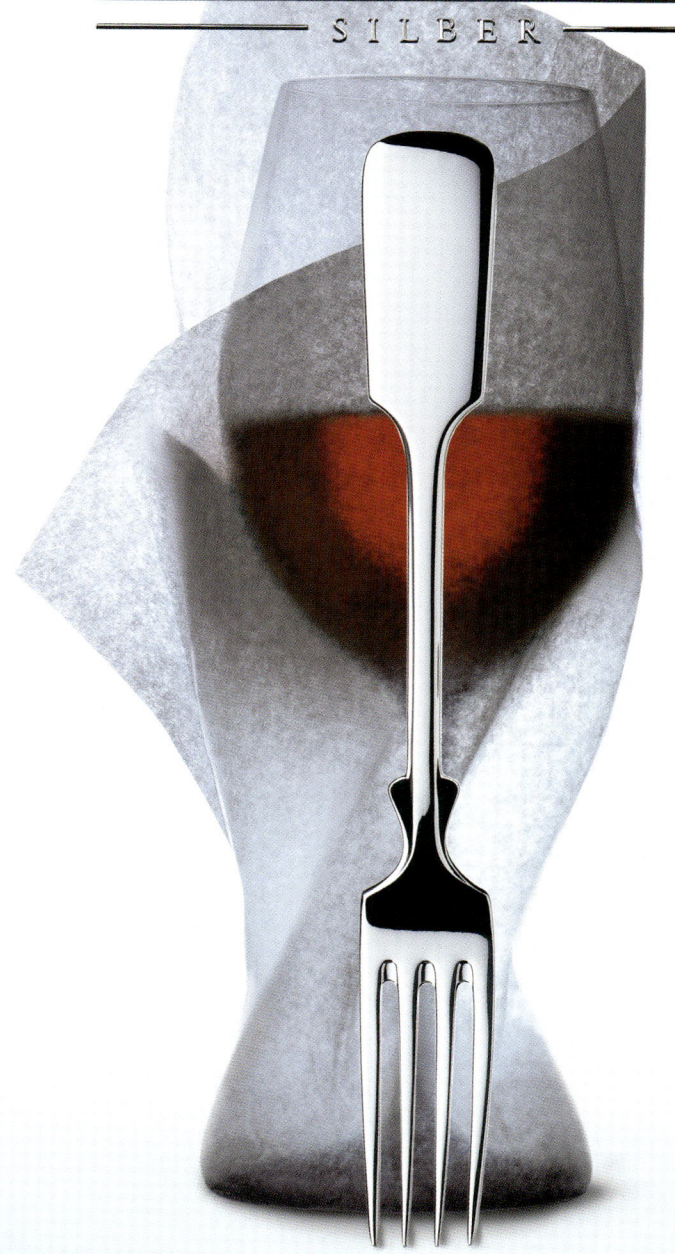

ROBBE & BERKING
SILBER

Modell Alt-Spaten · Robbe & Berking · Flensburg · Tel. 04 61/90 30 60 · www.robbeberking.com

Super-Treffen der klassischen Yachten
Klassiker Highlights 2005 und 2006

Durch die Robbe & Berking Classics hat sich die Flensburger Förde in den vergangenen 10 Jahren zu einem Mekka für alle Freunde der eleganten Meterklasse-Yachten entwickelt. Nach dem ersten Zusammentreffen im Jahre 1995 kommen inzwischen mehr als 200 klassische Motor- uns Segelyachten alljährlich nach Flensburg, um an den Regatten, die inzwischen zu den größten ihrer Art in Europa gehören, teilzunehmen.

Ein ganz besonderes Highlight des Jahres 2005 wird die Europameisterschaft der 8mR Yachten sein, die unmittelbar im Anschluß an die Robbe & Berking Classics vom 13. bis zum 17. Juni stattfinden wird. Etliche Teilnehmer werden die Robbe & Berking Classics von 9. bis 12. Juni schon nutzen, um das Revier kennenzulernen und sogenannte "practice races" zu segeln. Zusammen mit den 5,5m, 6mR, 10mR und 12mR Yachten, die alljährlich an den Robbe & Berking mR Sterling Cups teilnehmen, wird an diesem Wochenende eine Meterklasse-Flotte auf der Flensburger Förde zusammenkommen, wie man sie in Deutschland seit Jahrzehnten nicht gesehen hat. Der Start der größten Regatta wird am Sonnabend, den 11. Juni zwischen 10.00 und 10.30 Uhr an der Wasserslebener Bucht stattfinden (www.robbeberking.de).

Auch das Jahr 2006 wirft mit einem außergewöhnlichen Segelereignis schon jetzt seinen Schatten voraus. Beginnend mit den Robbe & Berking Classics am 9. Juni 2006 veranstaltet der Freundeskreis Klassische Yachten die European Classic Week, die von Flensburg über Sønderborg und Kappeln nach Kiel führt und dort am 17. Juni während der Kieler Woche mit einer großen Abschlussfeier in den Räumen des Kieler Yacht-Clubs endet. Weitere Infor-mationen unter: (www.classic-week.de).

Dem sehr internationalen Teilnehmerfeld wird ein breites, sportliches und kulturelles Programm geboten. Schon heute liegen erste Anmeldungen vor.

EIN MEDIEN-EREIGNIS

Presse, Radio und Fernsehen berichten weit über Norddeutschland hinaus über die Robbe & Berking Classics.

www.robbeberking.de/classics2004
Info-Tel: 0461 - 90 30 60

Foto: Bernt Hoffmann

Sportereignisse im Flensburger Segel-Club

Das herausragende Segelsportereignis für den Flensburger Segel-Club ist in diesem Jahr, im Anschluss an die Robbe&Berking Classics, die Veranstaltung der Europameisterschaft der 8mR Yachten. Vom 13. bis 17. Juni segelt diese traditionsreiche Klasse dann zum ersten Mal in ihrer fast 100-jährigen Geschichte eine Europameisterschaft in Deutschland. Möglich machte dies vor allem das besondere Engagement von Oliver Berking, der selbst begeisterter Achter-Segler ist. Fast ebenso reizvoll wie die Europameisterschaft der 8mR-Klasse sind dann im August die German-Open der 5,5er.

Aber auch abseits der Meterklassen hat der Wettfahrtkalender des Flensburger Segel-Clubs in diesem Jahr wieder einiges zu bieten: Viele der geplanten Wettfahrten werden schon seit Jahren vor Glücksburg ausgetragen und machen deutlich, wie gerne die Segler an die Flensburger Förde und zum Flensburger Segel-Club kommen:

So segeln Drachen hier in diesem Jahr zum 8 Mal ihre Norddeutsche Meisterschaft. Die Pokalregatten, finden bereits zum 33. Mal statt: die Drachen segeln um ihren „Silberdrachen", die Nordischen Folkeboote um ihren Folkebootpokal und die Starboote um den Glücksburger Star-Cup. Die Finn-Dinghies segeln während des Culix Cups neben 420ern, 49ern, 29ern und OK-Jollen zum zweiten Mal eine Ranglisten Regatta an der Förde.

Der Mosquito Cup für Opti A und Opti B findet zum 5. Mal statt und - „last but not least"- steht dann zum 95. Mal die Flensburger Fördewoche auf dem Programm: der Saisonabschluss der Hochseesegler. Auf Kurz- und Langstrecken, auf der Innen- und Außenförde, bis hinaus ins Kattegatt werden IMS-, DH- und ORC-Club-Yachten sowie diverse Einheitsklassen dann wieder um eine Vielzahl von Pokalen und Trophäen segeln: vor allem natürlich um das Blaue- und das Blau-Gelbe Band für die schnellste an der Förde beheimatete Yacht und die schnellste auswärtige Yacht. Auch die J-80 segeln im Rahmen der Fördewoche erneut ihre German Open und, wie immer sind die „Größten" und die „Kleinsten" wieder mit dabei: Die imposanten Swan Yachten, werden zum 11. Mal ihre „SWAN Baltic Sea Challenge" segeln und der Catamaran Club Flensburg Förde wird im Zuge der Fördewoche zum 11. Mal seinen Catamaran Cup veranstalten, eine Wettfahrt, die sich ständig größeren Zuspruchs erfreut. Mehr und aktuelle Informationen wie immer unter www.fsc.de

Flensburger Segel-Club e.V.
verantwortlich: Claus-Otto Hansen
Fon 04631-3233 · Fax 04631-3236 · e-mail FSC@ fsc.de

Böklunder wünscht „Schönen Urlaub"

STIFTUNG WARENTEST
GUT
test 7/2004
www.test.de

Die abgebildeten Artikel wurden von **ÖKO-TEST** mit „sehr gut" bewertet, gilt für alle Glasgrößen Geflügelwürstchen und Echte Land-Bockwurst – zusätzlich „gut" von Stiftung Warentest für Rostbrat-Würstchen.

Besuchen Sie auch unseren Werksverkauf.
Attraktive Angebote erwarten Sie.
Öffnungszeiten: Di.-Fr. 10-17 Uhr

Böklunder
DAS WÜRSTCHEN VOM LANDE

Böklunder Plumrose GmbH & Co. KG · Gewerbestraße · 24860 Böklund
Tel.: 04623/77-0 · www.boeklunder-plumrose.de

Ein Ausflug ins Grüne Binnenland

Für See - und Sehleute

Die Region Grünes Binnenland bietet Naturliebhabern eine vielfältige Auswahl an interessanten und teilweise einzigartigen Besonderheiten. Idyllisch gelegenen Seen, kleine Flüsse und Auen neben halboffenen Weidelandschaften bieten erholsame Stunden.

Eine Landschaft der Gegensätze bietet das Naturschutzgebiet der Oberen Treenelandschaft südlich von Flensburg. Hier wechseln sich die steilen Hänge der Fröruper Berge mit vermoorten Senken und Niederungen ab und laden zu einem Spaziergang auf ausgeschilderten Rundwegen ein. (Foto Butschimoor)

Auf dem 15 km langen Rundwanderweg durch das Treenetal treffen sich professionelle Wanderer und Spaziergänger zu einem kleinen Plausch. Start und Ziel dieser Rundtour ist die Tarper Mühle.

Die deutsch/dänische Vergangenheit spielt eine große geschichtliche Rolle im Grünen Binnenland und hat in vielen Teilen ihre Spuren hinterlassen. Ortsnamen mit „rup", „lund" und „by" am Ende sind ein Zeichen dafür. Die Denkmäler am Sankelmarker See erinnern an die letzte feindliche Auseinandersetzung beider Völker im Jahr 1864.

Nach mehrjährigen Ausgrabungen entstand in Munkwolstrup nahe Flensburg nordeuropas größtes rekonstruiertes Langbettgrab im Arnkielpark. Führungen werden nach Vereinbarung angeboten. (Foto Langbett).

Das Danewerk war die südliche Grenzbefestigung des dänischen Reiches. Die Verteidigungsanlage steht seit 1958 unter Denkmalschutz und hat eine hohe emotionale Bedeutung in Dänemark. Heute gilt das Danewerk als das größte archäologische Denkmal Nordeuropas und wurde zum Weltkulturerbe der Unesco angemeldet.

Aktiv sein im Binnenland heißt auch „Radeln im Binnenland". Mit dem Ochsenweg und dem Stapelholmer Weg finden Sie hier zwei gut ausgeschilderte naturnahe Fernradwege, auf denen Sie abseits vielbefahrener Straßen die Region erkunden und Land und Leute kennen lernen können.

Informationen rund um's Grüne Binnenland gibt es bei:

Gebietsgemeinschaft Grünes Binnenland
Stapelholmer Weg 13, 24963 Tarp
Tel. 04638/898404
www.tourismus-nord.de

Herrliche Ausflugsziele ...

Die abwechslungsreiche, südostjütländische Landschaft bildet die Grundlage für eine interessante Flora und Fauna. In den Wäldern und deren Umgebung gibt es zahlreiche Kulturschätze und Erlebnismöglichkeiten kultureller Art.
Hier gibt es viel zu erleben! Wir haben einige interessante Ausflugstipps für Sie zusammen gestellt:

Schloß Schackenborg,
die Residenz von Prinz Joachim und Prinzessin Alexandra liegt in der Ortschaft Møgeltøndern in deren unmittelbaren Umgebung 1634 und 1734 die berühmten Goldhörner gefunden wurden.

Der Gendarmenpfad,
eignet sich besonders zum Wandern oder Radfahren. Der Weg schlängelt sich ganz dicht am Wasser durch die Landschaft. Für Verpflegung sorgen gemütliche, kleine Gasthöfe und Besuchsbauernhöfe sind eine besondere Attraktion für Ihre Kinder.

Der Fördewanderweg,
zählt zu den schönsten Wanderwegen entlang der östlichen Flensburger Förde. Er führt von Solitüde an Glücksburg vorbei zur Halbinsel Holnis.

Kanutouren
... auf der Treene. Genießen Sie die unberührte Natur des Treenetales. Kanuvermietung Doms, Telefon +49(0)4607/1260

Landschaftsmuseum Unewatt
Werden Sie für zwei Stunden Zaungast des heutigen Dorfalltages rund um die vier Museumsinseln, auf denen die Vergangenheit eines vergessenen Bauerndorfes wieder lebendig wird.

Die Mühle "Charlotte"
steht am Eingang zum Naturschutzgebiet "Geltinger Birk". Hier beginnt ein schöner Rundwanderweg durch eine einmalige Pflanzen- und Vogelwelt.
(siehe nächste Seite)

Der Leuchtturm von Falshöft
Wer auch im Hochsommer dem ganz großen Touristenandrang entgehen möchte, findet hier ruhige Badestrände und kleine Campingplätze direkt hinter dem Deich.

Auf dem Scheersberg
hat man bei gutem Wetter vom Bismarkturm einen wunderschönen und unvergleichlichen Rundblick:
nach Norden über die Flensburger Außenförde bis hin zur dänischen Halbinsel Broager, nach Osten über die Geltinger Birk auf die offene Ostsee, nach Westen auf die Storuper Berge bis nach Flensburg.

... auch rund um Sonderburg

Sonderburg befindet sich zum größten Teil auf Alsen, der größten Insel des Landesteils. Das rege Studentenleben Sonderburgs prägt die gemütliche Altstadt in Schlossnähe.
Auf westlicher Höhe vor der Stadt überblickt die Mühle von Dybbøl stolz die Stadt am Alsen Sund. In nördlicher Richtung an der Küste liegt Varnæshoved, der Sage nach der Ort, an dem die dänische Fahne, der rot-weiße Dannebrog, im 13. Jahrhundert auf dänischen Boden getragen wurde, nachdem sie in Estland vom Himmel gefallen war.
Für die Bewohner der ältesten Monarchie der Welt ein kleines nationales Kleinod.

Die Schloßkapelle
im Sonderburger Schloß ist einmalig schön und ist Dänemarks älteste protestantische "Fürstenkirche". (Museum, siehe Seite

Dybbøl Banke
Im Jahre 1864 Schlachtfeld für den Kampf zwischen dem dänischen und preussischem Heer. Heute ist das Gebiet mit seinen 10 Schanzen Nationalpark.
Zahlreiche Gedenksteine und Kriegsgräber erzählen von Kriegshelden und den vielen Toten dieser Schlacht.

Aabenraa
Alte Seefahrerstadt mit schönen alten Straßen. Im Aabenraa Museum finden Sie eine der schönsten Sammlungen von Schiffsbildern und Flaschenschiffen.

Tønder
Für einen Ausflug in diese alte Stadt in der Marsch, werden Sie reich belohnt.
Besonders eindrucksvoll ist hier der traditionelle Markt in der Fußgängerzone, bei dem alle Verkäufer Volkstrachten tragen.
Das jährliche Klöppelfestival lockt Besucher aus der ganzen Welt an.

Museum Schloß Sonderburg
6400 Sønderborg, Tel.: +45 74 42 25 39
Öffnungszeiten:
1.4.-31.10 Tägl. 10-17 Uhr

Dybbøl Mühle
Öffnungszeiten:
1.4.-31.10 Tägl. 10-17 Uhr

Christiansfeld
ist eine von Dänemarks ältesten und am besten erhaltenen Städten. Auf dem Friedhof liegen die Frauengräber gen Westen und die Männergräber gen Osten.

Drachenspektakel
auf der Insel Rømø. Jedes Jahr, Anfang September findet auf der Insel das internationale Drachenfestival statt. Die phantasievollsten Drachen treten zu einem Wettkampf ganz besonderer Art an.

Kuchenmatinee
jeden Sonntag beim Meisterkonditor in Christiansfeld. Das Rezept des berühmten Christiansfelders Honigkuchens ist genau so alt, wie die Stadt - die in das Jahr 1783 datiert wird.

Besuchen Sie uns!

+49(0)461-85 29 56	Flensburger Museumsberg 24937 Flensburg	0461-2 22 58	Museumshafen
Öffnungszeiten:	Apr-Okt Di-So 10-17 Uhr Nov-März Di-So 10-16 Uhr	0461-150 98 25	Museumswerft
+49(0)461-3 98 10	Handweberei Annedore Iwersen Alt-Fruerlundhof 2 24943 Flensburg	+45 74 42 25 39	Museet På Sønderborg Slot 6400 Sønderborg
		+45 74 62 26 45	Aabenraa Museum/ Schiffahrtsmuseum H.P.: Hanssens Gade 33 6200 Aabenraa
+49(0)0461-79 35	Kobbermølle Museum Kupfermühle, 24955 Harrislee	Öffnungszeiten:	Jun-Aug: Di-So 10-16 Uhr Sep-Mai: Di-So 13-16 Uhr
+49(0)0 46 31-25 69	Menke Planetarium Fördestraße 35, 24960 Glücksburg Vorbest. Tel.: 0461-80 52 73	+45 74 47 17 20	Augustenborg Slot Storegade 28, 6440 Augustenborg
+49(0)46 36-10 21	Landschaftsmuseum Angeln Unewatt 24977 Langballig	+45 74 67 51 50	Bov Museum Bovvej 2, 6330 Padborg
Öffnungszeiten:	Mai-Sep Di-So 10-17 Uhr Apr+Okt Fr-So 10-17 Uhr	Öffnungszeiten:	Apr-Okt Di-Fr 10-16 Uhr Sa-So 14-16 Uhr
+49(0)4631-2500	Mühle Hoffnung 24960 Munkbrarup	+45 74 44 94 74	Cathrinesminde Teglværksmuseum Iller Strandvej 7, 6310 Broager
+49(0)461-85-23 17	Naturwissenschaftliches Museum Flensburg Museumsberg 1, 24937 Flensburg	Öffnungszeiten:	1.4.-30.4 Di-So 10-16 Uhr 1.9.-31.10 Di-So 10-16 Uhr 1.5.-31.8 Di-So 10-17 Uhr
+49(0)4631-60100	Schloßpark-Rosarium Am Schloßpark 2b, 24960 Glücksburg	+45 74 43 54 23	Deutsches Museum Nordschleswig Rønhave Plads 12 6400 Sønderborg
Öffnungszeiten:	Tägl. 10-18 Uhr	Öffnungszeiten:	Di 13.30 Uhr-16.15 Uhr Fr 09.30 Uhr-12.15 Uhr
+49(0)4631-2243	Wasserschloß Glücksburg Schloß, 24960 Glücksburg	+45 74 67 68 55	FN Museet de Blå Baretter
Öffnungszeiten:	Di-So 10-17 Uhr	+45 74 57 66 49	Frøslevlejren, Barak 46 Frøslevlejren, 6330 Padborg
+49(0)461-852970	Schiffahrtsmuseum und Rummuseum Schiffbrücke 39, 24939 Flensburg Tel.: 0461-85 29 70	Öffnungszeiten:	Apr-Okt Tägl. 09-17 Uhr
		+45 74 67 65 57	Frøslevlejrens Museum Lejrvej 83, 6330 Padborg
Öffnungszeiten:	Apr-Okt Di-So 10-17 Uhr Nov-März Di-So 10-16 Uhr Montag geschlossen	Öffnungszeiten:	1.2.-24.6 Di-Fr 09-16 Uhr Sa-So 10-17 Uhr 11.8-30.11. Di-Fr 09-16 Uhr Sa-So 10-17 Uhr 25.6.-10.8. Tägl. 10-17 Uhr
+49(0)461-14449-0	Phänomenta Norderstraße 157-161, 24939 Flensburg		
Öffnungszeiten:	Mo-Fr 9-16.30 Uhr, Sa 14-18 Uhr, So 10-17 Uhr	+45 74 67 68 38	Hjemmeværnsmuseet Barak H2, Lejrvej 101 6330 Padborg
		Öffnungszeiten:	1.2.-30.11. Tägl. 09-17 Uhr

Museen in unserer Region

Die Region Sønderjylland/Schleswig ist eine Museumsregion par exellence. Eine hochkarätige, vielfältige und spannende Museumslandschaft!
Sie reicht von den bedeutendsten Sammlungen auf der Museumsinsel Gottorf, einem der eindrucksvollsten Museumskomplexe Norddeutschlands über historische Schlösser und Stadtmuseen bis hin zu einer Vielzahl an privaten Sammlungen in eigentümlichen Dorfmuseen, die in der Landschaft Angelns beheimatet sind. Hier erleben Sie deutsche und dänische Höhepunkte einer wechselvollen Geschichte und erfahren die Ursprünge unserer regionalen Identität.
In der Stiftung Schleswig-Holsteinische Landesmuseen Schloß Gottorf sind die Landesmuseen Schleswig-Holsteins und deren Dependancen mit ihren weitgefächerten Sammlungsgebieten zusammengefaßt. Das Archäologische Landesmuseum und das Landesmuseum für Kunst und Kulturgeschichte sind auf Schloß Gottorf, dem größten barocken Profanbau des Landes, sowie in zahlreichen Nebengebäuden auf der Museumsinsel untergebracht.
Das Archäologische Landesmuseum wurde 1835 als Außenstelle des dänischen Nationalmuseums in Kopenhagen gegründet und gehört heute zu den ältesten und größten archäologischen Museen Deutschlands. Es ist ein Archiv für 120.000 Jahre schleswig-holsteinischer Landesgeschichte und gleichzeitig ein Schaufenster der aktuellen archäologischen Forschung.
Das 1985 eröffnete Wikinger Museum Haithabu ist der Archäologie und Geschichte der Siedlung Haithabu gewidmet.
Es liegt etwa vier Kilometer von der Schloßinsel entfernt neben der historischen Stätte am Ufer der Schlei (Haddeby bei Schleswig). Haithabu war in der Wikingerzeit einer der bedeutendsten Siedlungsplätze Nordeuropas.
Wikinger - noch immer besitzt das Wort einen schillernden Glanz. Es weckt Vorstellungen an außergewöhnliche Seefahrer, an wagemutige Händler, risikobereite Siedler und an Menschen mit ungeheurer Vitalität und Kraft.

REGION
SØNDERJYLLAND · SCHLESWIG

Was
würde
geschehen,
wenn wir, statt jeder
in seine Richtung zu schauen,
uns umdrehen und einander ansehen?

Hvad ville der ske hvis vi i stedet for at kigge
i hver vor retning vender blikket mod hinanden?

Danfoss-Chef Jørgen Mads Clausen

Regionskontor Sønderjylland - Schleswig:
Wir arbeiten für die deutsch-dänische Zusammenarbeit.
Vi brænder for det dansk-tyske samarbejde.

Tel.: +45 74 67 05 01   email:sekretariat@region.sja.dk

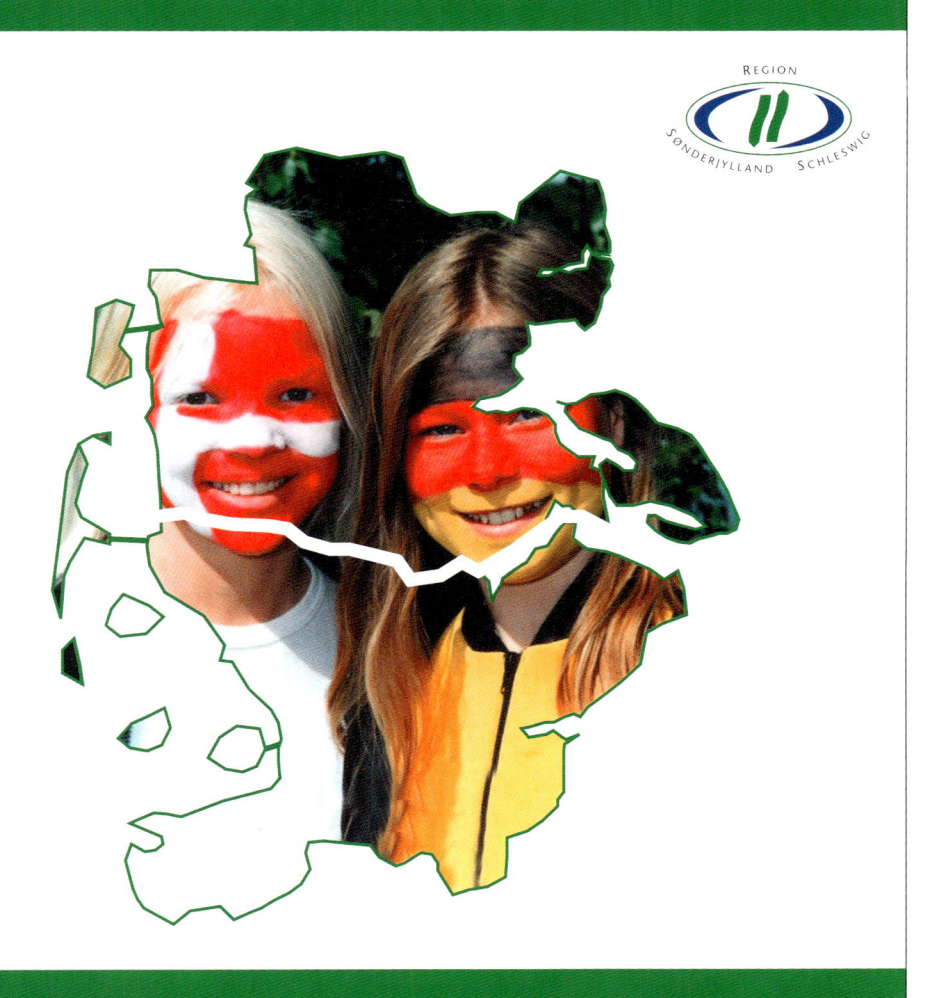

Wir liegen zwar am Rande – aber wir machen was draus!
Willkommen in der Region Sønderjylland-Schleswig!

Infocenter Grenze ... wir beraten Grenzgänger und andere!

Vi ligger godt nok i periferien men vi gør noget ud af det.
Velkommen til det dansk-tyske samarbejde
i Region Sønderjylland-Schleswig!

Infocenter Grænse ... vi vejleder!

www.region.de   www.region.dk

Die deutsche Volksgruppe in Dänemark

BUND DEUTSCHER NORDSCHLESWIGER

Das BDN Wappen zeigt die beiden schleswigschen Löwen und die stilisierte Immerwatt Brücke als Symbol für die Brückenfunktion der der deutschen Volksgruppe.

Die deutsche Volksgruppe in Nordschleswig besteht seit der Volksabstimmung im Jahre 1920 und umfasst heute etwa 15.000 Mitglieder aus einer Gesamtbevölkerung von 250.000 in Nordschleswig.

Die Volksgruppe sieht ihre Aufgabe darin, die geschichtlich gewachsene deutsche Identität und die deutsche Sprache und Kultur in Nordschleswig zu fördern und ihrerseits zur kulturellen Vielfalt beizutragen. Sie versteht ihre Rolle und die Aufgabe ihrer Einrichtungen außerdem als Brücke zwischen Deutsch und Dänisch. Die Identität der deutschen Nordschleswiger entspringt der regionalen Verwurzelung in einer Landschaft, die über Jahrhunderte sowohl dem dänischen Einfluss von Norden als auch deutschem Einfluss ausgesetzt war, wobei die kulturelle und sprachliche Hinwendung zur einen oder anderen Seite eine persönliche Entscheidung jedes Einzelnen war. In diesem Sinn hat man Jahrhunderte lang gesamtstaatlich den Nachbarn mit der anderen Sprache und Kultur respektiert.

Am Ende des Ersten Weltkriegs wurde Schleswig durch die Anwendung des nationalen Selbstbestimmungsrechts geteilt. Nordschleswig wurde dänisch. Es war zugleich die Geburtsstunde der deutschen Volksgruppe in Dänemark.

Die deutsche Volksgruppe in Nordschleswig ist heute in Dänemark als Minderheit mit ihrer sprachlichen Besonderheit anerkannt. Dies findet seinen Ausdruck in der selbstverständlichen aktiven und mitgestaltenden Teilnahme der deutschen Nordschleswiger am politischen, gesellschaftlichen, sozialen und kulturellen Leben Dänemarks unter Wahrung der eigenen deutsch-nordschleswigschen Identität.

Der Bund Deutscher Nordschleswiger (BDN) ist die Dachorganisation der deutschen Volksgruppe und vertritt ihre Interessen in allen Grundsatzfragen. Die Schleswigsche Partei ist die Partei der deutschen Minderheit – regional und zugleich europäisch ausgerichtet – setzt sie sich für die Gleichberechtigung der deutschen Minderheit und ihrer Einrichtungen ein.

In 22 Kindergärten und einer Freizeiteinrichtung werden 600 Kinder betreut, und in 15 allgemein bildenden Schulen sowie dem Gymnasium 1.350 Schüler unterrichtet. Die Schulabschlüsse sind sowohl in Dänemark als auch in Deutschland anerkannt.

Die Aktivitäten der deutschen Volksgruppe entfalten sich vielfältig in der Nordschleswigschen Musikvereinigung, der Heimatkundlichen Arbeitsgemeinschaft und in den vielen Sport-, Ringreiter- und Schützenvereinen. Wichtige Elemente der Volksgruppe sind außerdem die Tageszeitung Der Nordschleswiger und die Büchereien. Dazu gehören auch die kirchliche und soziale Arbeit, der Landwirtschaftliche Hauptverein und die deutschen Museen.

Mehr über die deutschen Nordschleswiger unter: www.nordschleswig.dk.

Die dänische Minderheit in Südschleswig

Autor: Bernd Engelbrecht, Südschleswigscher Verein

Seit 1864 - nach dem für Dänemark verlorenen Krieg und der Zuordnung Nord-und Südschleswigs an Preussen - gibt es eine in diesem Landesteil heimische dänische Minderheit. Nach der Volksabstimmung 1920, bei der sich Nordschleswig (das heutige Sønderjyllands Amt) zurück nach Dänemark stimmte, während Südschleswig sich in seiner Mehrheit für Deutschland entschied, hat diese Minderheit sich fest etabliert, wenn auch mit gewissen Schwankungen ihrer Stärke.
Heute zählt die dänische Minderheit um die 50.000 Menschen deutscher Staatsangehörigkeit aber dänischer Gesinnung - konzentriert in Flensburg und Umland, zahlenmässig abnehmend gen Süden und Westen. Die Minderheit gliedert sich in Organisationen, die jede für sich selbständig Aufgaben löst: Kultur, Politik, Kindergärten, Schule, Unterricht, Erwachsenenbildung, Jugend, Sport, Büchereiwesen, Tageszeitung, Gesundheitsdienst, Altenfürsorge und Kirche, um nur einige zu nennen.

Größter Verein und oft Ansprechpartner von außen ist der Südschleswigsche Verein (Sydslesvigsk Forening e.V.), der Kulturträger der Minderheit, mit knapp 14.000 Mitgliedern in 110 Ortsvereinen sowie um die 14.000 Mitglieder in 25 angeschlossenen Vereinen.
Der Verein verfügt über 40 Versammlungshäuser und einem Museum am Danewerk. Seine acht Sekretariate verteilt auf den ganzen Landesteil und das dänische Generalsekretariat in Flensburg bieten Mitgliedern und Kooperationspartnern einen umfangreichen Service.

Das kulturelle Angebot des Vereins umfasst Vorträge und Lottoabende, Auftritte dänischer Musiker z.B. Jazzbands und gipfelt in Gastspielen bekannter dänischer Theaterensembles, Konzerten mit Sinfonieorchestern sowie internationaler Balletthighlights.

Sydslesvigs danske Ungdomsforeninger (SdU) ist mit weit über 12.000 Mitgliedern die „Jugendvertretung" der dänischen Minderheit. Sport und andere Aktivitäten werden von über 70 Vereinen unter dem Dach von SdU praktiziert. Hinzu kommen 12 Freizeitheime auf den ganzen Landesteil verteilt, sowie ein Landschulheim und Kursuszentrum Christianslyst bei Süderbrarup. Auch die dänischen Pfadfinder sind bei SdU organisiert und verfügen über ein eigenes Pfadfinderzentrum in Tydal bei Eggebek bzw. mehrere Hütten/Lagermöglichkeiten.

Telefon: +49(0)4 61/1 44 08-0
www.sydslesvigsk-forening.de
www.sdu.de

Wenn die Tage wieder kürzer werden ...

Auch die Herbst- und Wintermonate bieten viele interessante Veranstaltungen.
Der gute Ruf des fantastischen Mittelalterfestivals in Horsens verbreitet sich mehr und mehr, und das aus gutem Grund. Während des Festivals ist die ganze Stadt von einer echten Mittelalterstimmung geprägt. Hier gibt es Marktleute, Minnesänger, schöne Jungfrauen und bettelnde Aussätzige - und spektakuläre und stolze Ritterkämpfe. Das Mittelalter - eine Epoche, die mit allen Sinnen erlebt werden kann.

Die musikalischen Wurzeln des Musikfestivals in Tønder reichen weit in die Geschichte zurück. Das Festival zieht die besten Volksmusiker aus aller Welt an, und die ganze Stadt nimmt an dem gemütlichen Volksfest teil. Oder fahren Sie zum Jazzfestival nach Haderslev, und genießen Sie einige Tage mit guter Musik und lustigem Becherklang auf den Märkten und Plätzen der Stadt.

Anfang September wird auf Rømø der selten ausbleibende Westwind zum jährlichen internationalen Drachenfestival genutzt - die vielen schönen und phantasievollen Drachen am Himmel laden zum Träumen ein.

Der Herbst ist auch die Zeit für Ausstellungen - auf Schloß Koldinghus sind u.a. Ausstellungen von Silberdesign von Weltformat zu sehen. In den Herbstferien lädt das Industriemuseum in Horsens zu Arbeitswerkstätten und Aktivitäten für Kinder ein.

Haben Sie Lust auf richtige Weihnachtsstimmung?

... dann können wir Ihnen unsere Region aufs Wärmste empfehlen. Es weihnachtet in allen Städten - u.a. auch auf dem berühmten Weihnachtsmarkt in Tønder, der Stadt mit der hübschesten Weihnachtsausschmückung Dänemarks.

Am ersten Wochenende im Advent sollten Sie die Weihnachtsmesse bei Tørning Mühle besuchen, oder steuern Sie Ihren Schlitten zum Gutshof Urup Hovegård mit seinem wunderschönen, weihnachtsgeschmückten Hauptgebäude.

In Ellum bei Løgumkloster können Sie eine echte Weihnachtsstimmung von Anno dazumal erleben mit selbstgebasteltem Weihnachtsschmuck, Glühwein und warmem Waffelgebäck. Auch im Hygum Hjemstavnsgård, in der Krusmølle und in der Steingalerie in Horsens finden Sie echte Gemütlichkeit und viele gute skandinavische Weihnachtstraditionen.

Aber auch auf deutscher Seite der Flensburger Förde finden Sie zahlreiche kleine Weihnachtsmärkte in den Dörfern und Gemeinden. Fantastische Handarbeiten, individueller Weihnachtsschmuck, Leckereien und selbstgemachter Punsch, Spiel und Spaß mit dem Weihnachtsmann sorgen - auch bei unseren Kleinen - für ein ganz besonderes Erlebnis in der Vorweihnachtszeit.

In Flensburgs Innenstadt, zwischen Norder- und Südermarkt, laden unzählige Stände zu einem herrlichen Weihnachtsbummel ein. Und auch hier müssen Sie unbedingt den einen oder anderen Punsch probieren.

Der König der Spiele

... kommt aus Flensburg!

Helge Andersen hat eine große Leidenschaft: das Spielen. Angefangen hat alles Anfang der siebziger Jahre. Als Lehrer gründete er an seiner Schule eine der ersten deutschen Spiele-Arbeitsgemeinschaften für Schüler.
Aus Mangel an finanzieller Unterstützung und somit Material, bot der damals 25-Jährige kurzerhand einigen deutschen Spielefirmen an, mit seinen Schülern neue Spiele für den deutschen Markt zu testen.
Die Firmen, darunter auch der Ravensburger Spiele-Verlag, antworteten sofort und schickten eine Auswahl ihrer neuesten Spiele. Diese wurden auf Stärken und Schwächen getestet und die Kritiken den Spielefirmen mitgeteilt - die Anfänge der Spielekritik in Deutschland waren gemacht!
Rasant ging es weiter. Von nun an wurden Helge Andersen automatisch sämtliche Neuerscheinungen aller namhaften Spiele-Hersteller zugesandt, zum Teil bereits vor deren Veröffentlichung. Familie und Freundeskreis wurden längst als professionelle Tester einbezogen und die Spiele-AG an der Schule boomte, wie kaum eine andere AG.
Man kann bei 300-400 Brett- und Kartenspiel-Neuerscheinungen pro Jahr wohl nur erahnen, welches Ausmaß dieses Hobby mittlerweile angenommen hat: seit nun über 30 Jahren treffen fast täglich Päckchen und Pakete mit neuen Spielen ein.
Neben Rezensionen für das Fachmagazin TOYS, den NDR, verschiedene Tageszeitungen und andere Medien veröffentlichte Helge Andersen das "Spiele-Lexikon", welches mehr als 3000 Spielkritiken und -beschreibungen umfasst.

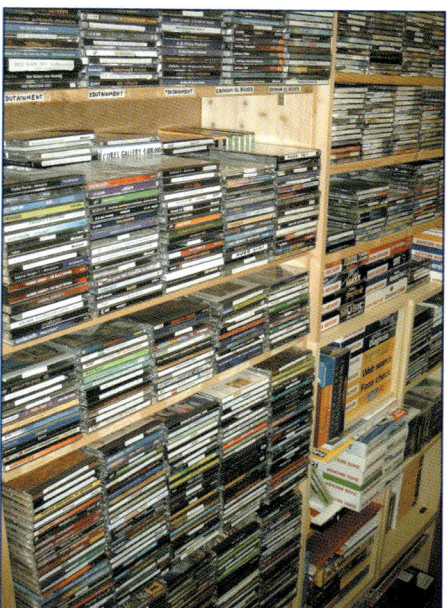

... im Arbeitszimmer

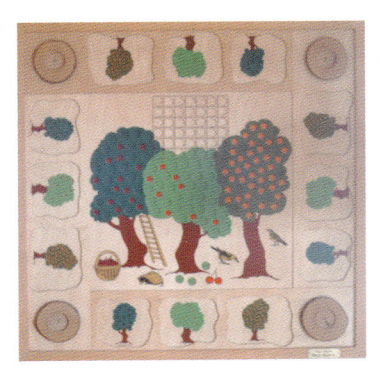

Kirsch Royal
von Helge Andersen

Zahlreiche Fernsehsender veröffentlichten Porträts des spielenden Lehrers, der nun schon seit vielen Jahren zu den bedeutendsten Spielekritikern und -experten in Deutschland zählt und von Journalisten gerne als "Spiele-Papst" bezeichnet wird.
Immer wieder macht Helge Andersen auf Veranstaltungen und Seminaren in Schulen deutlich, welcher pädagogische Wert und für die Familie wichtige Reichtum in Spielen steckt.
Darüber hinaus hat Helge Andersen seit Anfang der achtziger Jahre über 25 eigene Spiele entwickelt, darunter auch "Die Schwarzwaldklinik" und "Husky". Mit dem Beginn der Video- bzw. Konsolen-Spiele (Ende der siebziger Jahre) und später auch der PC-Spiele kamen neue Spielekategorien, Kritik- und Aufgabenbereiche hinzu. So umfasst das Archiv von Helge Andersen neben über 7000 Gesellschaftsspielen auch mehrere tausend Video- und PC-Spiele.
Erstaunlicher Weise verdrängt diese neue Spielwelt nicht die Nachfrage an klassischen Spielen und die weltgrößte Publikums-Spielmesse in Essen tritt diesen Beweis - mit über 150.000 spielenden Besuchern - jährlich immer wieder an.
Derzeit zählen kommunikative Partyspiele, Strategie- und Zwei-Personen-Spiele zu den Rennern auf dem Spiele-Markt. Hier nun einige Tipps von Helge Andersen, die mit Sicherheit auch Sie in den Bann ziehen werden und Spielspaß vom Feinsten versprechen:

Hits 2005

"Verflixxt!"
Ravensburger Spiele (originelles Spiel für "Malefiz"-Fans)
"Ubongo"
Kosmos Verlag (mit Tempo-Puzzeln Edelsteine sammeln)
"Die Insel"
Ravensburger Spiele (elektronisches Fantasyspiel vom Feinsten)
"Petri Heil!"
Kosmos Verlag (taktisches Zwei-Personen-Angeln)
"Coloretto Amazonas"
Abacusspiele (Kartenspiel für Dschungel-Forscher)
"Buddel-Company"
Ravensburger Spiele
(Gedächtnisspiel mit Maulwürfen)
"Logeo"
Verlag HUCH & friends
(faszinierendes Ein-Personen-
Tüftelspiel)
"Heckmeck am Bratwurmeck"
Zoch Verlag
(pfiffiges Würfelspiel)
"Frauen & Männer"
Kosmos Verlag
(heiteres Partyspiel
für Erwachsene)

Auf dem Rücken der Pferde ...

Unsere Region präsentiert sich dem pferdebegeisterten Touristen mit ganz besonderen Reizen. Ein Ausritt am Strand oder durch die urtümliche Landschaft beidseits der Flensburger Förde wird Ihnen als herrliches Urlaubserlebnis lange in Erinnerung bleiben.
Erfolgreiche Züchter des Holsteiner Pferdes nennen das Land zwischen den Meeren ihr Zuhause. Entlang der Förde und der Schlei kann man auf Koppeln die edlen Tiere grasen sehen.

Wußten Sie, daß an jedem zweiten Wochenende im Juli in Sonderburg das größte Ringreiterfest der Welt stattfindet? Das Ringreiten ist für über 500 Teilnehmer ein regionale Tradition, die jedes Jahr unzählige Einheimische und Besucher in ihren Bann zieht.

Aber auch unseren Reiterkindern werden rund um die Flensburger Förde ihre großen Urlaubswünsche erfüllt.
Ringreiten mit Lanze, Reiterspiele, romantische Lagerfeuer und viele Attraktionen mehr sorgen für ein fantastisches Ferienerlebnis.
Unsere Reiterhöfe heißen Sie herzlich willkommen:

Reiterhof Ose Jacobsen
Nedderbyer Str. 11, 24975 Gremmerup
Tel: +49(0)4634-1010

Hof Norwegen
Helga und Markus Waterhues
24966 Mohrkirch
Tel: +49(0)4646-897
Fax: +49(0)4646-990381

Lindenhof Uwe Jürgensen
Habernis 3 · 24972 Steinberg
Tel: +49(0)4632-87250
Fax: +49(0)4632-87251

Reiterhof Klaus Lausen
24395 Stangheck,
Tel. +49(0)4643-2661

Reiterhof Martin Clausen
24960 Glücksburg,
Ruhetaler Weg 30,
Tel: +49(0)4631-8174

Gråsten Rideklub
Tel: +45 74 65 10 06

Reiterhof Laß
Juttta Schatt-Laß und Hans-Walter Laß
Fehrenholz, 24376 Hasselberg
Tel. +49(0)4642-6895

Reiterhof Peter Tramm
Dorotheental, 24351 Damp
Tel. +49(0)4352-5103
Fax: +49(0)4352 -5603

Reiterhof Neu-Schwensbyhof
Kappelner Str. 41, 24966 Schwensby/Sörup
Tel: +49(0)4635-2136

Sportangeln an der Flensburger Förde

Die Flensburger Förde ist das perfekte Urlaubsziel für Sportangler. In Abständen von wenigen Kilometern laden die Gewässer unserer abwechslungsreichen Landschaft zu Erlebnissen ein, die jedes Anglerherz höher schlagen lassen - Hechte, Karpfen, Zander, Aale, Hornhechte, Meeresforellen, Bachforellen, Äschen, Moränen, Dorsche, und Plattfische. Hier verspricht jeder Tag ein neues Abenteuer! Die Hochsaison des Sportangelns konzentriert sich auf den Frühling und den Herbst. Aber auch das Angeln im Sommer oder im Winter hat seinen besonderen Charme, es hängt ganz davon ab, welches Angelerlebnis ihr Herz begehrt.
In unserer Region finden Sie unzählige Angelplätze - an offenen Küsten, auf Landzungen, an Riffen, in Fjorden und Buchten, auf Molen und an Hafeneinfahrten.
An bestimmten Stellen steht der Dorsch in Wurfnähe, und in der Saison gibt es hier Hornhecht in rauhen Mengen. Der Lieblingsfang ist und bleibt allerdings die Meeresforelle, die die Küste entlang zieht und das Angelfieber steigen lässt.
Besonders Hochseeangler kommen voll auf ihre Kosten. Zwar handelt es sich hier nicht immer um Riesenfische, dafür erwartet den Angler aber eine Vielzahl an Dorschen, Plattfischen, Hornhechten und vielen anderen Fischen, die durch das Fahrwasser der Förde ziehen, wo man an Bord eines Kutters oder einer Jolle herrliche Tage mit guten Fängen erleben kann. Aber auch die zahlreichen Seen, Moore und Weiher locken mit ihrem Fischreichtum an Hechten, Karpfen, Aalen, Brassen, Barschen und vielen Friedfischen.
Hier erwarten Sie einmalige Angelplätze inmitten schönster Naturlandschaften.
Und sollte Ihr Angelfieber noch nicht kuriert sein, so stehen Ihnen mehr als 30 Forellenweiher zur Verfügung, viele von ihnen sind ganzjährig geöffnet.
Detaillierte Angaben zu Fangplätzen, Angeltouren und Kutterfahrten erhalten Sie an allen Touristikinformationen und in allen Fremdenverkehrsvereinen.
Übrigens - in Angelfachgeschäften erhalten Sie jederzeit die aktuellen Angel-Tipps, hier erfahren Sie auch, welche Angelgeräte die besten Fänge ermöglichen und wo die besten Gewässer zu finden sind.

Bitte beachten Sie:

Die Arbeit zum Schutz der Umwelt und zur Sicherung des Fischbestandes wird mit Mitteln aus dem Verkauf von Angelkarten finanziert. Alle Sportangler müssen eine gültige Angelkarte vorzeigen können. Diese Angelkarte ist nicht übertragbar, jede Form des Angelns ohne gültige Angelkarte ist strengstens verboten. Bei Zuwiderhandlung erfolgt eine Geldbuße sowie die Beschlagnahmung der Angelgeräte.
Die obligatorische Angelkarte kann in allen Postämtern, Touristinformationen, Sportgeschäften, Kiosken und Ämtern erworben werden.

Willkommen im Fahrradland

Die naturschönen Landschaften der Ostseeküste sind von den hügeligen Fördelandschaften geprägt. Im Innern der Förden liegen meist gemütliche Kleinstädte mit sichtbarer Vergangenheit und der Möglichkeit für viele kulturelle Erlebnisse. Im Landesinnern - beidseits der Flensburger Förde, sind die Landschaften von Auen, langgestreckten Tälern, großen Wäldern und lockenden Seen geprägt, die alle miteinander zu einem Picknick, einer Angeltour oder einfach nur zu einer längeren Rast in der stillen Natur einladen. Die Straßen und weitverzweigten Wege sind wie geschaffen für interessante Fahrradtouren.

Die Touristikvereine und Fremdenverkehrsverbände rund um die Flensburger Förde bieten Ihnen eine große Auswahl an Vorschlägen für Themenrouten. Hier können Sie sich die Freiheit nehmen, über Tempo, Abstände und Routenverläufe zu entscheiden. Aus der Vielzahl der interessanten Angebote haben wir für Sie zwei Routen ausgewählt. Radeln Sie los, genießen Sie die Freiheit auf zwei Rädern und freuen Sie sich auf ein großartiges Ferienerlebnis, das auch Ihren Kindern viel Spaß bereiten wird.

Eine historische Radfahrt durch Südjütland

Strecke ca. 96 km

Wir starten in der alten und gemütlichen Hauptstadt des Landesteiles Sønderburg.
Die Stadt wird von Jütland ältest bewahrter Königsburg, dem Sønderburg Slot bewacht.
In Dybbøl erfahren Sie in dem Historiecenter Dybbøl Banke alles über die Niederlage von 1864. Fahren Sie nun über Smøl Vold nach Broager zu der Kirche mit den Zwillings-Türmen, deren Sage Sie sich erzählen lassen sollten. Das Ziegelwerk Cathrinesminde Tæglaverk veranschaulicht die Geschichte der Ziegelproduktion über 11 Jahrhunderte und den Alltag der damaligen Ziegelarbeiter. Auf dem alten Gendarmenweg entlang der Küste von Høruphav, können Sie zurück nach Broager radeln. Weiter geht's nach Egernsund, wo man in Gråsten das herrlich am See gelegene Schloß aus dem 17. Jahrhundert besichtigen kann. Über Rønshoved gelangt man über den Kupfermühlenweg (naturschönste Strecke zwischen Kollund und Kruså) zu dem einst gemütlichsten Grenzübergang der Welt: Hier steht der Grenzstein Nr. 1. Unsere Route führt Sie nun vorbei an Bov nach Frøslevlejren, ein berüchtigtes ehemaliges deutsches KZ-Lager.

Dann fahren Sie durch das flache Land nach Tøndern, eine alte, geschäftige Hafenstadt. In Rudbøl in der Tønder Marsch endet nun unsere Route. Aber versäumen sie hier bitte nicht die wunderbaren historischen Sehenswürdigkeiten. (Karte siehe nächste Seite)

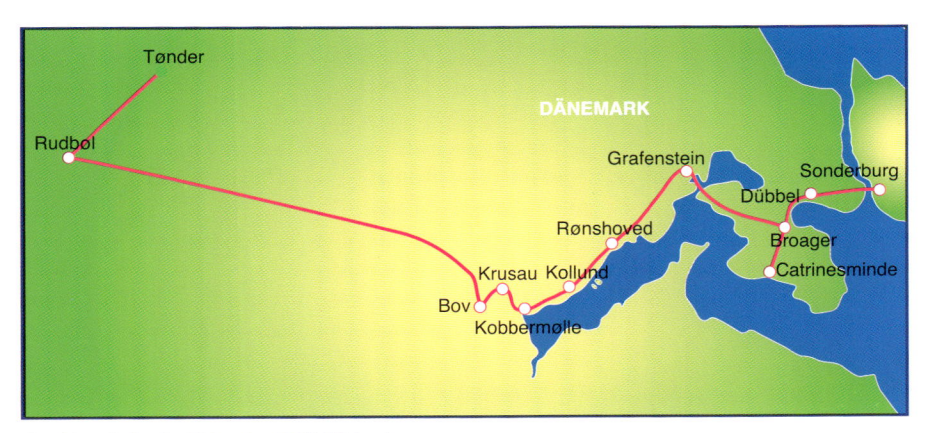

Eine historische Radfahrt durch Südjütland

Eine Radtour durch eines der schönsten Naturschutzgebiete: die Geltinger Birk

Strecke ca. 26 km
Start an der Geltinger Touristinformation.
Besichtigen Sie nach ca. 2 km die im 13. Jahrhundert erbaute Kirche "St. Katharinen". Dann kommen Sie zum Schloß Gelting, ein aus dem 15. Jahrhundert stammendes zweigeschössiges Herrenhaus. Nun geht es weiter zur Windmühle "Charlotte", eine 1824 erbaute Holländermühle inmitten des eingedeichten Beveroer Noores, dem heutigen Naturschutzgebiet die "Geltinger Birk". Heute ein Lebensraum für rund 170 Zug- und heimische Vogelarten sowie ca. 380 Pflanzenarten, von denen viele unter Naturschutz stehen. Hier werden Ihnen auch fachkundige Führungen des Naturschutzwartes angeboten. Direkt entlang am Wasser fahren Sie nun zu dem 1908 erbauten Leuchtturm von Falshöft und genießen hier einen wundervollen Blick über die Flensburger Förde. Mitten durch eine herrliche Dünenlandschaft geht es nach Bobeck und dann quer durch die Kornfelder Angelns zurück nach Gelting.

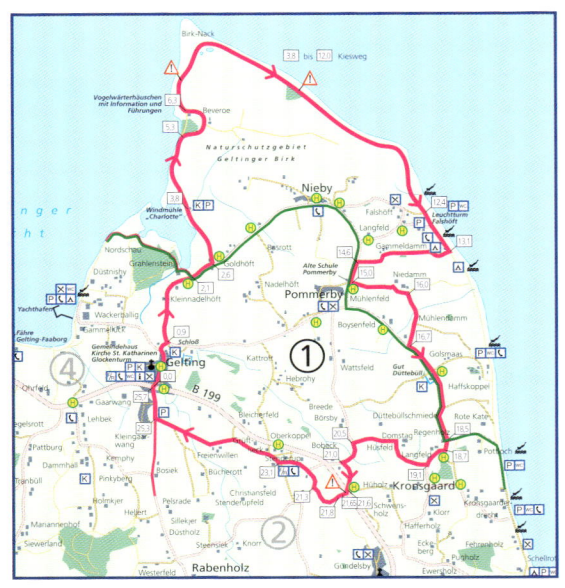

Hallo Kids!

Endlich Ferien - keine Angst vor endlosen Stadtrundfahrten, ewigen Einkaufsbummeln und stundenlangen Autofahrten. Hier erlebt Ihr Spaß! Was ist hier total cool, was ist echt stark? Sucht es Euch aus und überredet Eure Eltern zu einem tollen Tagesausflug!

Ein Stadtrundgang nur für Euch - Flensburg entdecken, und das ohne Eltern!
Es gibt Spannendes zu hören und einiges davon auch zu sehen z.B. von der alten Duborg, die eine Königin hat bauen lassen; von Leon und Merle, die einen Schatz gefunden haben; von großen Segelschiffen und Piraten und von dem Äffchen „Jacky", das mit Hund und Katze in einer Flensburger Familie lebte.
Nach eineinhalb Stunden gibt es Waffeln satt im Wiener Café. Da sind Eure Eltern wieder dabei. (Für Kinder ab 5 Jahren bietet die Touristikinformation Flensburg Stadtrundgänge nur für Kids: Telefon +49 461/23090)

Sommerland Syd - der größte und beliebteste Freizeitpark Südjütlands mit Aktionsland und Aquapark! Auf 250.000 qm könnt Ihr Euch so richtig austoben, mit Go-Karts und Motorcross-Maschinen, Wasserrutschen, Afrikaland, Apachenland, King-Kong, Goldgraben, Safari-Express, Seeräuberland und vielem, vielem mehr.
Sommervej 4 · DK 6360 Tinglev · Telefon: +45 74 64 22 19

Legoland - Willkommen in der Welt der Kinder!
Faszination der Bausteine - nichts ist unmöglich! Ganze Städte, Schlösser und Sehenswürdigkeiten im Miniformat naturgetreu nachgebaut - ein Augenschmaus für Groß und Klein. Ein Erlebnispark mit vielen Attraktionen, einmalig und sehenswert!
Normarksvej 9 · DK 7190 Billund · Telefon +45 75 33 13 33

Tolk-Schau - Spielen - Toben - Erleben - Lachen!
Raupenbahn, Familien-Achterbahn, Riesenrutschen, Auto-Scooter, Märchenwald, Minigolf, Dinosaurier, Ministadt, Kanalfahrt durch das Zwergenland und vieles mehr!
Ein großes Vergnügen für die ganze Familie!
Familien-Freizeitpark Tolk · 24894 Tolk/Schleswig · Telefon +49 46 22 9 22

Tierpark Gettorf - heimische und exotische Tiere, Affen- und Vogelhaus, Kinderzoo, und tolle Freizeit-Attraktionen. Ein Zoo der ganz besonderen Art!
Süderstraße 33 · 24214 Gettorf · Telefon +49 43 46 41 600

Mini-Born-Park in Owschlag
Über 100 weltberühmte Gebäude bei einem einzigen Spaziergang bestaunen? Das geht! Natürlich nur im Miniformat, detailgetreu im Maßstab 1:25. Eine riesige Modelleisenbahn zum Mitspielen, Auto-Scooter, ferngelenkte Boote und Flugzeuge laden Euch zu einem tollen Ferientag ein.
Beekstraße · 24811 Owschlag · Telefon +49 43 36 99 77 0

Hansapark Sierksdorf
Leider schon etwas weiter von der Flensburger Förde entfernt, aber meiner Meinung nach erlebt Ihr hier ein kleines "Disney-Land". Einmalige Attraktionen, die einem den Atem rauben, Nervenkitzel ohne Ende, Spaß für die ganze Familie und man wünscht sich, dass der Tag nie zu Ende geht ....
Sierksdorf/Ostsee · Telefon +49 45 63 47 42 22

Baden pur ...

Sonne, Strand und Sand ..., es müssen nicht immer die kanarischen Inseln sein!

Entlang der Flensburger Förde finden Sie eine Vielzahl an herrlichen Sandstränden.

Relaxen Sie, genießen Sie einen wunderbaren Ausblick über die Förde während Ihre Kinder Sandburgen bauen und in dem flachen Wasser planschen.

Durch lange flache Wasserbänke eignen sich die Strände an der Flensburger Förde besonders gut für Familien mit kleinen Kindern.

Und sollten Sie mit Hund anreisen - kein Problem! In Hasselberg wartet der Hundestrand auf Sie - meiner Meinung nach ohnehin einer der schönsten Strände, mit feinstem Sand und einem grenzenlosen Ausblick über die Ostsee.

Übrigens:
Ein ganz besonderer Ausflug lohnt sich auch an den wunderbaren Strand von Rømø.
Ein Hauch von Antlantik - salzig, stürmig und endlos weit. Rømø liegt im Wattenmeer im Westen Südjütlands und Sie finden hier den breitesten Sandstrand Nordeuropas!
Als ich zum ersten Mal zu diesem Strand (ca. 1 Std. von Flensburg entfernt) fuhr, traute ich meinen Augen nicht: Man fährt mit dem Wagen direkt an das Wasser! Ausgestiegen, Liegestühle ausgepackt und das Strandvergnügen kann beginnen. Man fragt sich, ob das nun wirklich nötig ist, aber schnell - durch die Gezeiten ausgelöst - bewegt man sich zum ständigen Rhythmus der Natur.
Stück für Stück setzt man zurück oder auch vor, je nach Ebbe oder Flut, und dann ist es schon sehr bequem, nur das Nötigste ausgepackt zu haben und Dank Pferdestärken kurzerhand zurück setzen zu können.... Und wehe dem, der verträumt einen längeren Strandspaziergang unternimmt. Man kann direkt zusehen, wie das eine oder andere Fahrzeug von der Flut umschlungen wird.
"Alle 6 Stunden" - das ist nur eine theoretische Schulweisheit!
Dass die Nordsee sich ständig bewegt, erlebt man hier mit dem bloßen Auge!

ISBN 3-980622-2-9
Impressum: Jahresausgabe 2005

Herausgeber: Werkstatt-Verlag B. Borgwardt, 24966 Sörup, Tel.: +49(0)4635-573
Copyright © Werkstatt-Verlag B. Borgwardt
Alle Rechte vorbehalten. Kein Teil des Buches darf ohne schriftliche Genehmigung
des Herausgebers fotokopiert oder in irgendeiner anderen Form reproduziert werden.

Satz, Gestaltung, Illustrationen und Gesamtherstellung: Design-Werkstatt B. Borgwardt
Druck: Druckzentrum H. Jung, Printed in Germany

Die Erfassung sämtlicher Daten wurde nach eigenen Erhebungen durchgeführt. Zusätzliche
Eintragsergänzungen und Hervorhebungen wurden und werden auf Wunsch berücksichtigt.
Der Verlag übernimmt für die Richtigkeit der Einträge keine Gewähr.
Für Schäden die auf Grund fehlerhafter oder unterlassener Eintragungen entstanden sind,
wird keine Haftung übernommen.

Anzeigen: Design-Werkstatt, B. Borgwardt, 24966 Sörup, Tel.: +49 (0) 4635-573
www.360grad-ostsee.de   email: betina@borgwardt.de

Sønderborg

Sydals

GELTINGER BUCHT

Steinbergkirche

Gelting

MUSEUMS-BAHN

Kappeln

Sønderborg

Sønderborg liegt zentral an einem der schönsten dänischen Gewässer und ist deshalb eine natürliche Anlaufstelle für Segelurlauber. Der Yachthafen Sønderborg ist direkt an einem Sandbadestrand mit blauer Flagge und dicht an einem Wald gelegen. Der Yachthafen bietet alle Annehmlichkeiten: Wäscherei, Wickelraum, Koch- und Spülküche, moderne Bade- und Toilettenräume, Behindertentoilette sowie Entsorgungsstellen für Trockenklosetts und Altöl.

Die Innenstadt von Sønderborg
Eine bezaubernde Mischung von alten Gebäuden und einem neuzeitlichen, aktiven Ambiente. Sie finden viele Möglichkeiten um einzukaufen, durch die zahlreichen Straßen zu schlendern, oder einfach nur das Leben in einem der wunderschönen Cafés oder Restaurants zu genießen.

Die historische Mühle Dybbøl Mølle und das Geschichtscenter Dybbøl Banke
Hier erleben Sie die Geschichte hautnah: Die Dybbøler Schlacht im Jahre 1864 wird Ihnen an Hand von Fotos, Briefen, Modellen, Uniformen und allerlei anderen Ausstellungsgegenständen nähergebracht. Bei gutem Wetter ist es empfehlenswert, den Be-such mit einem ausgedehnten Spaziergang durch die Schanzen zu kombinieren.

360°

... rund um die Flensburger Förde
... omkring Flensborg Fjord

Aabenraa
Nordborg
Tinglev
Sønderborg
Kruså
Glücksburg
Flensburg

Ferieregion Sønderborg

Regionale Fakten

Wir befinden uns im südöstlichen Teil von Jütland. Das Gebiet ist 50.000 Hektar groß, und erstreckt sich von Rinkenæs und Gråsten im Westen bis Sydals und Kegnæs im Osten, und von Broager im Süden bis Nordborg im Norden. Das Gebiet hat ca. 76.000 dänischsprechende Einwohner, die teilweise auch den südjütländischen Dialekt beherrschen. Deutsch ist durch Fernsehen, Radio und Zeitungen bekannt, und die jüngere Generation spricht überwiegend auch englisch. Die Währung sind dänische Kronen, doch in den meisten Geschäften können Sie problemlos in Euro bezahlen. Gerne stellen wir Ihnen nun die einzelnen Kommunen der Ferieregion Sønderborg kurz vor:

Augustenborg

Die Kommune von Augustenborg hat ca. 6400 Einwohner. In Zentrum von Augustenborg liegt das wunderschöne frühere Herzogenschloss, das der Stadt den Namen gegeben hat. Die Schlosskapelle ist die am vornehmsten eingerichtete Fürstenkapelle in Südjütland. Heute ist das Schloss ein Psychiatrisches Hospital, doch einige der der schönen alten Räume können mit Fremdenführer besichtigt werden – fragen Sie im Touristikbureau. Der Schlossbau mit den grossen Stallanlagen und der umliegende Park ist eins von den schönsten Schlossanlagen in Dänemark. In den Straßen nahe dem Schloss, gibt es viele Häuser, die bis 1848 vom Schloßpersonal bewohnt wurden.

Nordborg

Die Kommune von Nordborg hat ca. 15.000 Einwohner. Nordborg ist zweifellos am besten bekannt, weil Dänemarks grösster Industriebetrieb Danfoss A/S hier angesiedelt ist. Das Geburtshaus von Mads Clausen in Elsmark, nahe dem Hauptsitz des Danfoss Konzerns, ist heute als Museum eingerichtet. Hier eröffnete in diesem Jahr ein ganz neuer grosser und sehr fortschrittlicher Erlebnispark "Danfoss Univers".

Sundeved

Sundeved westlich von Sønderborg is ein ländlicher Gegend mit Bauernhöfe und Dörfer. Hier leben ungefähr 5000 Menschen. Die Gegend ist wie die restliche Region voller historische Denkmäler. wie Sandbjerg Schloss, von Graf Conrad Rewentlow in 1787-88 gebaut, über ein älteres Schloss aus dem Jahr 1570. Ein anderes historisches Gebiet ist Nydam Moor, wo ein Holzboot, aus der Eisenzeit stammend, im Jahr 1863 gefunden wurde. Viele andere Sachen sind in den alten Opfermoor gefunden worden und wird immer noch gefunden.

Broager

Das gesamte Broagerland ist ein einziges Naturerlebnis. Hier befinden sich Sehenswürdigkeiten wie zum Beispiel Stensigmose Klint mit vielen interessanten Fossilien, die alten Verteidigungsschanzen Smolvold, die früheren Kanonenstellungen in Gammelmark, Skelde, Kobbelskov, Vemmingbund, Brunsnaes und Gratelund sowie viele imponierende Aussichtspunkte.

Viele alte Dorfkirchen prägen das Bild dieser Region. Einige gehören zu den ältesten Dänemarks und stammen aus der romanischen Epoche. Am reizvollsten liegt wohl die Broager Kirke mit ihren Zwillingstürmen, die man schon kilometerweit entfernt sehen kann.

Man weiß, daß bereits vor 12.000 Jahren hier Ackerbau betrieben wurde, was zeigt, daß die Landwirtschaft immer schon ein wichtiger Erwerbszweig gewesen ist.

Als die Industrialisierung im Ziegeleigewerbe begann, hatte dies natürlich auch Einfluß auf Broagerland. Der bekannte Ort Egernsund mit vielen Ziegeleien, etablierte sich zu Beginn des 18. Jahrhunderts als Ausschiffungsort der Gegend. Als die Industrie auf ihrem Höhepunkt war, zählte das Gebiet um Egernsund ca. 40 Ziegeleien.

1859 wurde der eigentliche Hafen gebaut.

Heute ist Broagerland zugleich ein attraktives Feriengebiet und mit seinen zahlreichen, modernen Übernachtungsmöglichkeiten zieht es viele Touristen an. Broager Kommune hat ca. 6000 Einwohner, hiervon wohnt die Hälfte im Ort Broager.

Unter dem offenen, klaren Himmel kann man das Strand- und Badeleben an kilometerlangen, herrlichen Sandstränden genießen.

Besonders Vemmingbund, einer der schönsten Strände Süddänemarks, bietet reichlich Platz zum Dösen und Spielen. Aber auch Alnor Strandpark, kurz vor Gråsten ist viel besucht.

Der "Gendarmstien"

Nach der Wiedervereinigung von Sønderjylland und dem übrigen Dänemark im Jahre 1920 wollte man besser auf seine Grenze achten. Deshalb wurde die Patrouille durch Gendarme auf der 74 km langen Strecke von Pattburg bis Høruphav eingeführt. Diese Patrouille durch die Gendarme zu Fuß wurde 1958 eingestellt und die Polizei übernahm die Aufgabe. Der alte "Gendarmstien" geriet schnell in Vergessenheit. Glücklicherweise wurde er später wiederbelebt. Der "Gendarmstien" ist heute bei Einheimischen und Urlaubern als einer der schönsten Spazierwege sehr beliebt. Ob man sich eine großes Strecke von 10 km vornimmt, einfach spazieren gehen möchte oder Langstrecken laufen will. Ganz interessant ist aber, dass der "Gerndarmstien" zu einer Reihe von Sehenswürdigkeiten in Sønderjylland führt. Hier im "Broagerland" führt er vorbei am Ziegeleimuseum "Cathrinesminde".

Ein idyllisch gelegenes Museum mit einer Ausstellung zur Ziegeleikultur. Diese Kultur war fest verwurzelt in der Gegend. Seit dem Mittelalter hat man hier Ziegel aus sehr hochwertigen Ton für die Errichtung großer Bauwerke gebrannt. Es empfiehlt sich auch weiter zur Kirche nach Broager zu wandern, welche natürlich eine Ziegelsteinkirche aus dem frühen 13. Jahrhundert ist. Sie ist eines der bedeutendsten Bauwerke des Mittelalters in Sønderjylland. Im Broagerland bestehen einmalige Möglichkeiten Natur- und Kulturerlebnisse zu erleben.

Ziegeleimuseum "Cathrinesminde"

Das Ziegeleimuseum "Cathrinesminde" liegt mitten der Natur des Broagerland direkt an der Flensburger Förde. Es ist nicht unmittelbar erkennbar, wenn man es nicht weiß, aber das Gebiet war eines der größten Produktionsstätten der Ziegelherstellung in Nordeuropa.

An der Flensburger Förde gab es um 1900 herum über 62 Ziegeleien. Beim Iller Strand war Cathrinesminde eines von 8 Werken. Mit dem guten Ton und den guten Schiffahrtsverhältnissen fand man hier einen idealen Standort. In Cathrinesminde begann die Produktion im Jahre 1732. Die Familie Hollensen kaufte das Werk 1837 und produzierte hier bis 1968. In dieser Zeit gab es viele Veränderungen. Bis 1890 wurden die Ziegel in sogenannten Kammeröfen gebrannt die einfach ausgedrückt große Öfen waren. 1892 bekam man die Genehmigung den jetzigen Ringofen zu errichten. Dieser bestand aus mehreren Kammern. So wurde es möglich die eine Kammer zu beheizen während eine andere Kammer befüllt werden konnte und aus der nächsten gebrannte Ziegel geholt wurden. So konnte kontinuierlicher gebrannt werden. Nach 1968 verfiel Cathrinesminde. 1986 begann die Renovierung im Zuge eines Beschäftigungsprojektes welches 1993 mit der Eröffnung des Museums abgeschlossen wurde. Heute ist Cathrinesminde ein beeindruckendes Ziegeleimuseum mit Ringöfen, Schornsteinen. Trocknungseinrichtungen, Arbeiterhäuser, Knetmühlen, seltenen Steinen und alten Maschinen. Ein herausragendes Symbol für die allgemeine weltweite Wirtschaftsentwicklung und im Besonderen für das Broagerland selbst. Absolut Sehenswürdig!

Herzlich willkommen auf Als ...

"Ich liebe dich so sehr, und wenn die ganze Welt zum Verkauf stünde, und ich frei wählen dürfte, ich würde mich für dich, mein Als entscheiden". So klingt es im "Als-Lied".
Als ist mit 321 Quadratkilometern und 165 Kilometer Küstenlinie die 7. größte Insel Dänemarks. Als hat ca. 60.000 Einwohner. Etwa die Hälfte lebt in der Sønderborg Kommune. Als besteht außerdem aus den Kommunen Augustenborg, Nordborg und Sydals. Jeder dieser Kommunen hat ein eigenes Touristbüro, das Ihnen gerne mit zusätzlichen Informationen behilflich ist. Auf www.visitals.dk gibt es eine aktuelle Liste über Veranstaltungen auf Als.

Die besten Strände der Insel

Auf der Südseite von Als gibt es die besten Badestrände der Insel, besonders der Strand „Kærneland" wird von vielen Badetouristen besucht. Hier ist auch der größte Teil der Ferienhäuser der Insel zu finden. Besonders das Ferienhausgebiet „Skovmose" ist wegen des guten Badestrandes sehr beliebt.
Weiter südlich liegt der naturgeschaffene Damm „Drejet", er verbindet Als mit der Halbinsel Kegnæs, und hier liegt auch der Leuchtturm von Kegnæs. Oben auf dem Leuchtturm hat man eine wunderbare Aussicht nach Deutschland, Broagerland und Ærø.
Am heiligen Bach auf Südals liegt die Vibæk Wassermühle, die von den etwa 10 Wassermühlen auf Als als Einzige noch intakt ist. An besonderen Aktivitätstagen, wird gezeigt, wie früher das Tageswerk ablief, und wenn genug Wasser im Mühlenteich ist, kann man die Mühle in Betrieb sehen.
Bei Høruphav liegt Lambjerg Indtægt, ein kleines Waldgebiet mit vielen Grabhügeln. Hier liegt auch das Naturreservat „Trillen". Spaziert man am Wasser entlang, ergibt sich die Möglichkeit weiter auf dem berühmten „Gendarmenpfad" zu spazieren.
Vom kleinen Hafen in Mommark fährt die Fähre nach Ærø, und lädt sie herzlich zu einem Tagesausflug ein.

Schlösser und Herrensitze

Nur wenige Regionen können so viele Schlösser innerhalb eines kleinen Gebietes aufweisen, wie unsere. In Geschichte, Baustil und Anwendung sehr verschieden, liegen sie wie Perlen aneinander gereiht. Viele dieser Schlösser laden zu einem Spaziergang im Park, oder sogar zu einem Besuch im Hauptgebäude ein.

Schloss Augustenborg

Das erste Schloss Augustenborg wurde von Ernst Günther, der Urenkel von Christian 3. gebaut. Er nannte es nach seine Frau, Prinzessin Augusta von Glücksburg. Dieses Schloss verfiel. Frederik Christian 1. baute in den Jahren 1764-76 das heutige Schloss. Der letzte Herzog verließ 1848 Augustenborg, weil er im Schleswig-Holsteinischen Aufstand gegen Dänemark teilnahm – und kam nie wieder zurück. Heute ist im Schloss ein Hospital eingerichtet.

Schloss Gråsten

Ursprünglich wurde es in der Mitte des 16. Jahrhunderts als Jagdschloss errichtet. Nachdem es im Jahr 1603 niedergebrannt war, wurde ein neues Schloss gebaut, das sich höchst wahrscheinlich dort befand, wo heute der Südflügel des neuen Schlosses steht. Um das Jahr 1700 ließ der Großkanzler Frederik Ahlefeldt ein gewaltiges Barockschloss erbauen, das allerdings 1757 niederbrannte. Das heutige Schlossgebäude wurde in zwei Etappen errichtet, 1759 der Südflügel und 1842 das Hauptgebäude.

Schloss Nordborg

Der erste Bau fand 1151 statt. Das heutige Schloss ist 1911 in eine Deutsche Hochschule umgebaut worden. Die Fortbildungsschule wurde 1921 vom Großkaufmann Johan Hansen aus Kopenhagen errichtet.

Schloss Sandbjerg

Ungefähr im Jahr 1500 wird Sandbjerggård das erste Mal erwähnt, und ca. 1570 gründete Herzog Hans d. Jüngere von Sønderborg in Sandbjerg seinen Herrensitz. Nach dem Konkurs der Herzogfamilie von Sønderborg wurde Sandbjerg an die Krone übertragen, die es 1673 weiter an Conrad Rewentlow verkaufte. Der Familie Rewentlow gehörte Sandbjerg bis 1930. 1930 wurde Sandbjerg von Rechtsanwalt Knud Dahl und seiner Frau Ellen Dahl gekauft. 1954 schenkte Ellen Dahl Sandbjerg der Aarhuus Universität.

Schloss Sønderborg

Schon vor dem 13. Jahrhundertent stand hier eine Burg, die in den Jahren 1550 bis 1570 zu einem vierflügeligen Renaissanceschloss umgebaut wurde. Heute befindet sich in dem Schloss ein geschichtliches Museum, welches sich mit der Geschichte Nordschleswigs vom Mittelalter bis hin zur Gegenwart beschäftigt.

Besichtigungstermine und weitere Informationen erhalten Sie in unseren Touristikbüros:

Sønderborg Turistbureau
Rådhustorvet 7
6400 Sønderborg
Tel.: (+45) 7442 3555
Fax: (+45) 7442 5747
info@visitsonderborg.com

Öffnungszeiten:
Montag - Freitag: 09.30 - 17.00 Uhr
Samstag: 09.30 - 13.00 Uhr
In der Zeit vom 20.06. - 14.08.05:
Montag - Freitag: 09.30 - 18.00 Uhr
Samstag: 09.30 - 13.00 Uhr

Augustenborg Turistbureau
Storegade 28
6440 Augustenborg
Tel.: (+45) 7447 1720
Fax: (+45) 7447 2899
info@visitaugustenborg.com

Öffnungszeiten:
Montag - Freitag: 14.00 - 16.00 Uhr
In der Zeit vom 01.06 - 31.08.05:
Montag - Freitag: 11.00 - 17.00 Uhr
Samstag: 10.00 - 12.00 Uhr

Gråsten Turistbureau
Kongevej 71, Banegården
6300 Gråsten
Tel.: (+45) 7465 0955
Fax: (+45) 7465 3513
mail@turistbureauet.com

Öffnungszeiten:
In der Zeit vom 01.01 - 17.06.05 und 01.09 - 31.12.05:
Montag - Freitag: 09.00 - 16.15 Uhr
In der Zeit vom 18.06 - 31.08.05:
Montag - Freitag:09.00 - 16.30 Uhr
Samstag: 09.00 - 12.30 Uhr

Nordborg Turistbureau
Stationsvej 14
6430 Nordborg
Tel.: (+45) 7445 0592
Fax: (+45) 7445 0596
info@visitnordborg.com

Öffnungszeiten:
Montag - Freitag: 09.00 - 16.00 Uhr
In der Zeit vom 20.06 - 14.08.05:
Montag - Freitag: 09.00 - 17.00 Uhr
Samstag: 09.00 - 13.00 Uhr

Sydals Turistbureau
Kegnæsvej 52, Skovby
6470 Sydals
Tel.: (+45) 7440 4711
Fax: (+45) 7440 4712
info@visitsydals.com

Öffnungszeiten:
In der Zeit 17.05 - 16.09.05:
Montag - Freitag: 10.00 - 16.00 Uhr
In der Zeit 20.06 - 22.08.05:
Auch Samstags von 10.00 - 14.00 Uhr

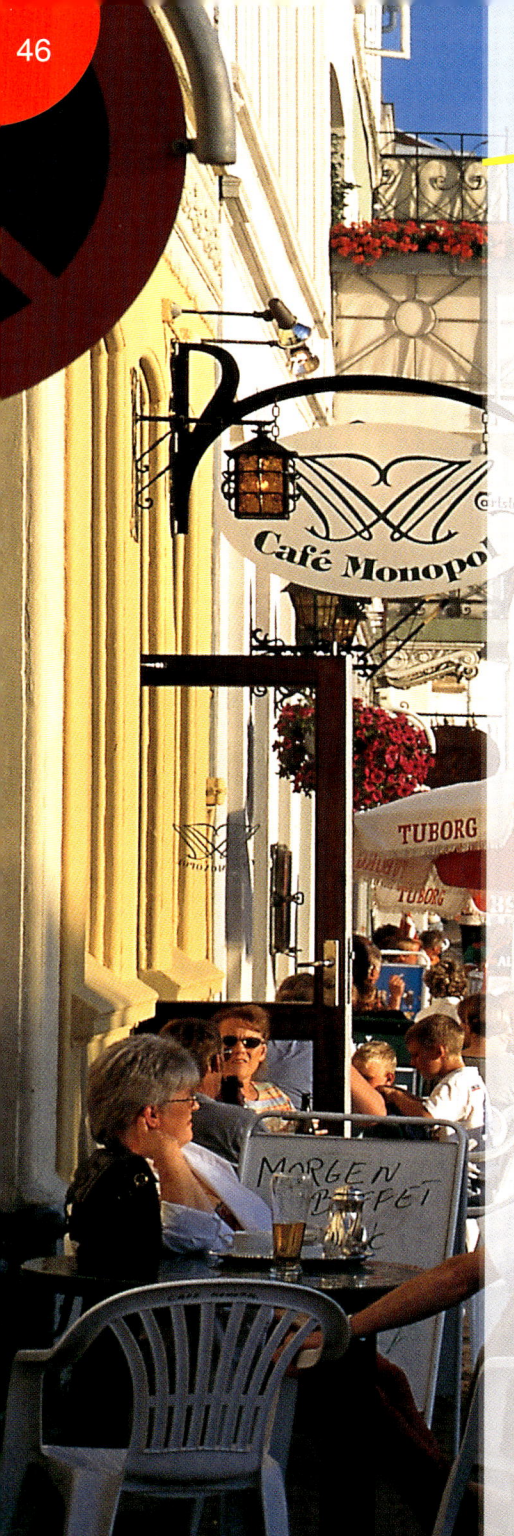

Herzlich willkommen in Sonderburg

Bei einer Tour rund um die Flensburger Förde ist es schwer, an Sonderburg und Alsen vorbeizukommen. Egal, ob von See oder über Land, überall findet man Sehenswürdigkeiten und abwechslungsreiche Natur.

Sonderburg befindet sich zum größten Teil auf der Insel Alsen. Diese liegt im südlichen Teil des kleinen Belts zwischen Jütland und Fünen. Hier sind zahlreiche archäologische Funde über die Insel verteilt - Seite an Seite mit einer von Dänemarks größtem Industrieunternehmen"Danfoss". Zwei Brücken verbinden den auf Alsen liegenden Teil von Sonderburg mit Jütland und es gibt insgesamt drei Autofähren nach Fünen, Ærø und Jütland. Der Flugplatz auf der Halbinsel Kær bietet mehrere Abflüge nach Kopenhagen und im Sommer wöchentliche Flüge nach Südfrankreich. Die größte Stadt auf Alsen ist Sonderburg mit einem blühenden Wirtschaftsleben, insbesondere in den Bereichen Innovation und High Tech. Die Kommune Sonderburg unternimmt viel, um diese Entwicklung zu unterstützen. Auch wenn es eigentlich Aufgabe der Kopenhagener Regierung gewesen wäre, hat der Sonderburger Stadtrat über mehrere Jahre beschlossen, 40 Mio. Kronen in eine neue Universität zu investieren, zu der auch ein Forschungspark gehört, der die Stadt für Studenten sehr attraktiv macht.

Die Stadt hat 30.000 Einwohner und eine phantastische Lage direkt am Wasser mit Hafenpromenade, Badestrand, Yachthafen, Schloß und Buchenwald.

Die Insel ist 34 km lang. Die Ostküste ist halbmondförmig mit Steilküsten und ganz ohne Buchten. Die Westküste hat dagegen Fjorde und Buchten, die in den Alsensund münden. Die abwechslungsreiche Natur ist für die Gäste der Insel das ganze Jahr frei zugänglich. Das gut ausgebaute Straßen- und Wegesystem macht es einfach, über-all hinzukommen. Mit seiner schönen Hafenfront und attraktiven Sandstränden dicht am Zentrum ist Sonderburg eine von Dänemarks attraktivsten Hafenstädten.

Die Landschaft insgesamt ist schön und spannend mit zahlreichen Möglichkeiten zum Wandern. Es gibt Steinzeitsiedlungen wie in Bundsø, Grabhügel aus der Bronzezeit in den Wäldern, mittelalterliche Burgen in Sonderburg und Nordborg und viele mittelalterliche Kirchen.

Sonderburgs Wald, der Sønderskov, ist ein Gelände von 405 ha an der Sonderburger Bucht. Folgt man dem Strandweg, der direkt am Sonderburger Yachthafen beginnt, kann man eine einzigartige Natur erleben mit sowohl Wald- als auch Küstengebieten.
Nimmt man den Weg in die andere Richtung auf der Strandpromenade, kommt man zum Sonderburger Schloß, von wo es nur ein paar Minuten Fußweg zum Zentrum sind.
Hier findet man ein richtiges Caféleben, sowohl drinnen als auch draußen, und insbesondere die neue Hafenpromenade vom Schloß zur Klappbrücke hat ihre ganz eigene Stimmung: Cafés für jeden Geschmack und immer jede Menge Leben mit interessanten Schiffen und Yachten, die am Kai festgemacht haben.

Historie

In den beiden dänisch-deutschen Kriegen 1848-1850 und 1864 spielte Alsen ein zentrale Rolle. Nach dem Krieg von 1864 wurde Alsen ein Teil der preußischen Provinz Schleswig-Holstein, aber nach der Volksabstimmung von 1920 wurde Alsen wieder dänisch.
Düppel und Alsen beherbergen viele historische, kulturelle und natürliche Werte. Das Museum im Sonderburger Schloß beleuchtet die Geschichte von ganz Sønderjylland bis in die Neuzeit. Hier befindet sich auch Königin Dorotheas Kapelle.
In der Düppeler Mühle gibt es Ausstellungen über Düppel als Symbol dänischer Tapferkeit, die Geschichte der Mühle und Nordschleswigs Kriegsgräber.
Im Geschichtszentrum Düppeler Schanze gibt es ein einzigartiges Dokumentationszentrum, einen modernen und kinderfreundlichen Erlebnisplatz über den Krieg von 1864, und zwar genau da, wo damals alles geschah. Ausstellungen, Broschüren und Filme erzählen die Geschichte für den Besucher. Im Juli demonstrieren Soldaten in historischen Uniformen das Leben im Feld mitten im 19. Jahrhundert. Das Geschichtszentrum hat geöffnet von Mitte April bis Ende September, 10 -17.00 Uhr. Aber den ganzen Tag und das ganze Jahr kann man über die Düppeler Schanzen wandern, wo Gedenksteine stets davon Zeugnis ablegen, dass alles genau hier passierte. Heute ist die ganze Umgebung mit den zehn Schanzen zum Nationalpark erklärt worden.
Die vielen Gedenksteine und Gemeinschaftsgräber erzählen davon, dass die Kämpfe viele Menschenleben kosteten. Nach dem Krieg errichteten die Deutschen die Schanzen, die man heute sehen kann. Den Umriß der dänischen Schanzen hat man mit weiß angemalten Kantsteinen markiert.
Nach der Wiedervereinigung von 1920, bei der die dänisch-deutsche Grenze festgelegt wurde, wurde die Grenzgendarmerie von der Königsau an die neue Grenze verlegt. Die Aufgabe der Grenzgendarmen in den blauen Uniformen war, die Zollgrenze und Schiffahrt entlang der Küste zu kontrollieren. Die Patrouillen fanden zu Fuß statt und dabei wurde der sogneannte Gendarmenweg geschaffen. Sønderjyllands Amt hat den Pfad wieder hergestellt von der Grenze bis Høruphav. Der Gendarmstien ist markiert mit Schildern, die einen blauen Gendarmen zeigen.

Sonderburg hat außerdem ein deutsches Museum mit Kunst und kunsthistorischen Sammlungen, das die Geschichte aus der Sicht der deutschen Minderheit beleuchtet.

Kirchen

Die Kirchen in Sonderburg sind einen Besuch wert. Sollten sie 'mal geschlossen sein, kann man sich einen Schlüssel beim Küster oder im Pastorat ausleihen.
In Sonderburg liegt die St. Marienkirche, mit u.a. dem Malmdøbefond (Taufstein) von 1600 und ein Kruzifix aus dem 16. Jahrhundert. Die Christianskirche wurde 1957 nach Zeichnungen der Architekten Kåre und Espen Klint errichtet. Die Schloßkapelle im Sonderburger Schloß ist ganz einzigartig. Sie ist sowohl Dänemarks ältester protestantischer Adelsraum als auch des Nordens ältester Renaissance - Kirchenbau und wurde eingerichtet von der Königswitwe Dorothea in den Jahren 1568 bis 1579. Die Kirche von Ulkebøl ist romanisch, das Altarbild wurde um 1500 in Antwerpen hergestellt und ist vielleicht das wertvollste Stück Kircheninventar auf ganz Alsen. Die Kirche von Düppel ist eine typische Dorfkirche mit Chor und Schiff aus dem 13. Jahrhundert.

Aktivitäten

Wenn das Wetter es zuläßt, gibt es immer herrliche Bademöglichkeiten rund um Sonderburg. Am Sonderburger Yachthafen hat die Kommune außerdem eine "Blaue Flagge - Station" mit Sommer-Aktivitäten besonders für Kinder. Die Öffnungszeiten kann man auf der homepage der Sonderburger Kommune sehen, www.sonderborg.dk - oder in einem Faltblatt, das man u.a. im Touristbüro erhalten kann.
Möchte man Golf spielen, findet sich eine schöne 18 Loch Bahn bei Miang. Man kann auch Bowling- und Minigolf spielen, Go-Cart fahren oder in der Humlehøj-Halle schwimmen gehen, die zwei Bassins und ein Kleinkinderbassin hat sowie Sprungturm und Behindertenlift. Allerdings ist die Halle im Juli geschlossen.

Kunst und Kultur kann man an vielen Stellen in Sonderburg erleben. Es gibt eine ganze Reihe Kunstwerke im Freien, vielen Künstlern kann man bei der Arbeit zusehen, aber auch mehrere kleine Galerien im Zentrum sind empfehlenswert und es gibt immer die Möglichkeit für shopping in speziellen Geschäften im Sonderburger Zentrum, die z.B. Kunsthandwerk und modernes Design anbieten. Im Sommer brummt das Leben in der Stadt besonders: Stadtfest, Ringreiterfest, Märkte, Kultur- und Sportnacht, Musik im Park ....
Auf der homepage der Sonderburger Kommune findet man unter "kultur og fritid" den Kulturkalender "Kultunaut" mit allen näheren Informationen und Terminen.
Die Musik blüht im Sønderborghus und in den Cafés, aber auch Sønderjyllands Symphonieorchester bietet ein umfassendes und professionelles Repertoire mit Konzerten in ganz Süd- und Sønderjylland inkl. Südschleswig und Konzerte im eigenen Musikhaus am Skovvej.
Den Saisonplan kann man beim Touristbüro bekommen oder der homepage des Orchesters entnehmen, www.sonderjjyllands-symfoniorkester.dk.

18. Juni 2005	Augustenborg
19. Juni 2005	Augustenborg
24. Juni 2005	Høruphav, Sydals
25. Juni 2005	Høruphav, Sydals
25. Juni 2005	Nordborg
26. Juni 2005	Nordborg
26. Juni 2005	Høruphav, Sydals
30. Juni 2005	Broager
1. Juli 2005	Broager
2. Juli 2005	Gåsvig Kro, Kegnæs
2. Juli 2005	Broager
3. Juli 2005	Gåsvig Kro, Kegnæs
3. Juli 2005	Broager
4. Juli 2005	Broager
.-11. Juli 2005	Sønderborger Ringreiterfest
16. Juli 2005	Gråsten - Ein richtiges Volksfest .....
17. Juli 2005	Gråsten - Ein richtiges Volksfest .....
18. Juli 2005	Gråsten - Ein richtiges Volksfest .....
22. Juli 2005	Guderup, Nordals
23. Juli 2005	Kværs
23. Juli 2005	Guderup, Nordals
24. Juli 2005	Guderup, Nordals
30. Juli 2005	Skovby, Sydals
31. Juli 2005	Skovby, Sydals
5. August 2005	Tandslet, Sydals
5. August 2005	Tandslet, Sydals
7. August 2005	Tandslet, Sydals
7. August 2005	Brunsnæs

Ringreiten

Eine der besten Attraktionen entlang der Flensburger Förde ist das alljährliche Ringreiter-Fest.
Diese Tradition gibt es bereits seit dem 16. Jahrhundert. Hier in Sonderburg finden jeweils am 2. Wochenende im Juli die weltweit größten Ringreiter-Wettkämpfe statt.
Dieses große Ereignis wird umrahmt von Umzügen mit über 500 Reitern, der stadteigenen Sonderburger Garde, Militärkapellen aus England, Schottland, Russland und anderen teilnehmenden Ländern.
Ein Riesen-Jahrmarkt findet natürlich auch statt und garantiert Spaß für die ganze Familie! Besuchen Sie mit Gästen aus der ganzen Welt diese einmaligen Wettspiele -
die Sonderburger heißen Sie
herzlich willkommen.

Veranstaltungen in Sonderburg und Umgebung

Sønderborg Open Air	4. Juni 2005	Ringriderpladsen, Sønderborg
Pferde- und Krammarkt	8. Juni 2005	Kiplev
Familienkonzert	8. Juni 2005	Idrætshøjskolen, Sønderborg
Markttage	9. Juni 2005	Sønderbor
Pferde- und Krammarkt	9. Juni 2005	Kliplev
Nord-Als Musikfestival	10. Juni 2005	Nordborg Schlosspark, Nordborg
Markttage	10. Juni 2005	Sønderborg
Pferde- und Krammarkt	10. Juni 2005	Kliplev
Nord-Als Musikfestival	11. Juni 2005	Nordborg Schlosspark, Nordborg
Regatta rund um Als	11. Juni 2005	
Pferde- und Krammarkt	11. Juni 2005	Kliplev
Markttage	11. Juni 2005	Sønderborg
Sporttag und Haus der offenen Tür	11. Juni 2005	Sønderborg Kaserne, Sønderborg
Pferde- und Krammarkt	12. Juni 2005	Kliplev
Radrennen Tour de Als	12. Juni 2005	
Aktivitätstage	18.19. Juni 2005	Vibæk Wassermühle, Sydals
Johannesfeuer	23. Juni 2005	Augustenborg Schlosspark, Augustenborg
Sommerkonzert	23. Juni 2005	Sønderjyllands Symfoniorkester.
Könglicher Aufenthalt	1. Juli 2005	Gråsten Schloss, Gråsten
Ringreiterfest	8.-11. Juli 2005	Sønderborg
Aktivitätstage	13/14.. Juli 2005	Vibæk Wassermühle, Sydals
Sommerschlussverkauf	14. Juli 2005	Öffnungszeiten 10.00 - 22.00 Uhr....
Markttage	5./6. August 2005	Gråsten
Radrennen - das Alssund Rennen	7. August 2005	
Radrennen rund um Sønderborg	7. August 2005	Søndeborg
Aktivitätstage	13./14. August 2005	Vibæk Wassermühle, Sydals
Kultur- und Sportnacht	19. August 2005	Sønderborg
„Ein Sonntag auf Als"	21. August 2005	Augustenborg Schlosspark, Augustenborg
21. Continental Sheepdog Europameisterschaften für Hütehunde Championship 2005	26.-28. August 2005	Gråsten Landwirtschaftsschule, Gråsten
Internationale Weltmeisterschaft für Handicapsegler	29.8.-5. 9. 2005	Sønderborg
Erntedankmarkt	3. September 2005	Sønderborg
Ein Sonntag am See	11. September 2005	Nordborg.
Opti´ A CUP	24./25. September 2005	Sønderborg
Apfelsegeln	14.15. Oktober 2005	Gråsten Hafen, Gråsten
Weihnachtsmarkteröffnung	19. November 2005	Vibæk Wassermühle, Sydals
Zündung der Lichter der Tannenbaum	26. November 2005	Rathausplatz, Sønderborg

① Mommark Havn

54°, 56,0' N, 10°, 02,8' E
DK 6470 Sydals,
Tel.: +45-74 40 77 00

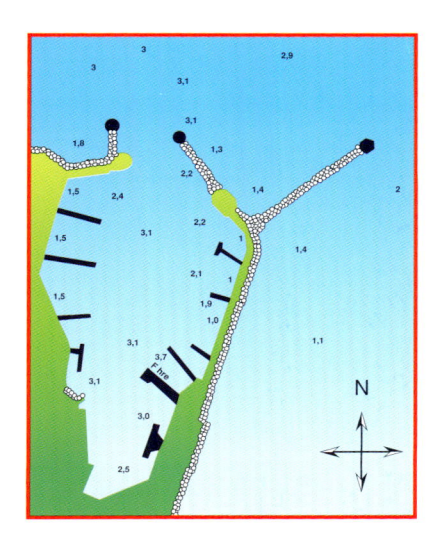

... liegt im Süden von Alsen, ca. 17 km von Sønderborg. Der Hafen dient auch als Fischereihafen, hat ca. 80 Liegeplätze und ist windgeschützt. Sanitäre Anlagen und Toiletten (zwei Duschen für Damen und Herren, Möglichkeiten zum Wäsche waschen und trocknen) befinden sich direkt am Hafen.

Ein großer, geräumiger Freizeitraum mit Fernsehen steht auch zur Verfügung.

Möglichkeit zum Entspannen bietet der schöne Badestrand.

Foto: Bernt Hoffmann

Høruphav

54°, 54,4' N, 9°, 53,4' E
DK 6470 Sydals,
Tel.: +45-74 41 61 20
www.hoeruphavhavn.dk

... ein großer und moderner Hafen auf der Südseite von Ålsen gelegen, ca. 7 km östlich von Sonderburg entfernt. Sie finden hier ca. 300 Liegeplätze für große und kleine Schiffe, die Tag und Nacht angelaufen werden können. Gastsegler können überall im Hafen freie Plätze benutzen und sind als Gast im Clubhaus herzlich willkommen.

Auf Grund seiner herrlichen Lage ist der Hafen aus allen Windrichtungen windgeschützt.

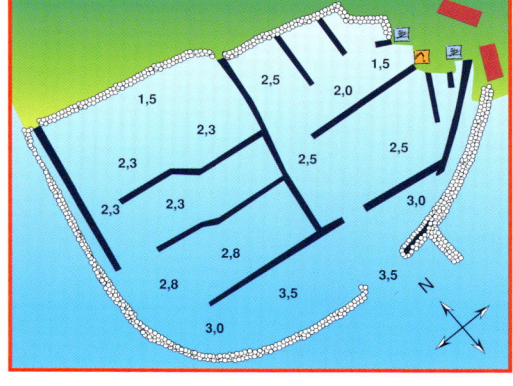

355°

Foto: Bernt Hoffmann

③ Sønderborg Lystbådehavn
54°, 53,9' N, 9°, 47,7' E
DK 6400 Sønderborg,
Tel.: +45-74 42 93 92

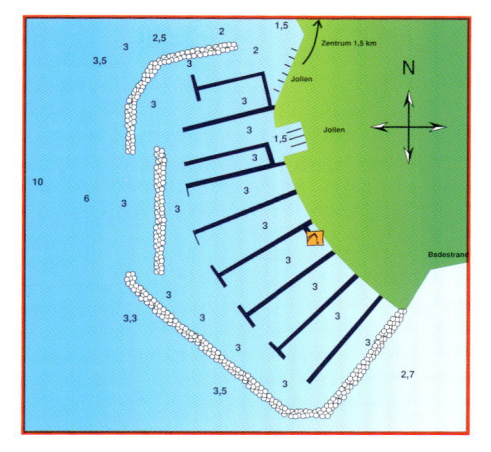

... ist direkt an einem Sandbadestrand und dicht an einem Wald gelegen, ca. 15 Minuten Fußweg von der Stadtmitte. Im Winter 95/96 wurde der Hafen um 140 Plätze erweitert, davon rund 70 ausschließlich für Gäste. (Die Plätze können nicht reserviert werden). Es gibt eine Schutzmole nach Südwesten.

Einkaufsmöglichkeiten für Proviant, Brennstoff und Bootsausrüstung sind vorhanden, außerdem ein Grillplatz sowie ein Kinderspielplatz.

④ Marina Minde

54°, 53,9' N, 9°, 37,1' E
Mindervej 20, DK 6320 Egernsund,
Tel.: +45-74 44 07 10, Fax: +45-74 44 06 79

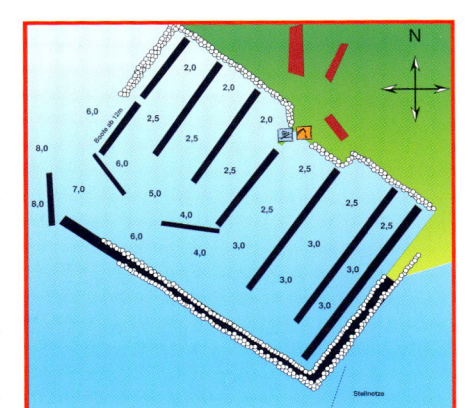

www.marinaminde.com

... ein neuer und moderner Hafen bei Egernsund mit 450 Plätzen, der Tag und Nacht angelaufen werden kann. Gastsegler können überall im Hafen freie Plätze benutzen. Tank- und Einkaufsmöglichkeiten sind ebenso wie ein Kinderspielplatz vorhanden. Ein Campingplatz befindet sich in unmittelbarer Nähe.

Foto: Bernt Hoffma

⑤ Schiffswerft Toft

Toftvej 9, DK 6300 Gråsten,
Tel.: +45-74 65 12 25
www.skibsværfttoft.dk

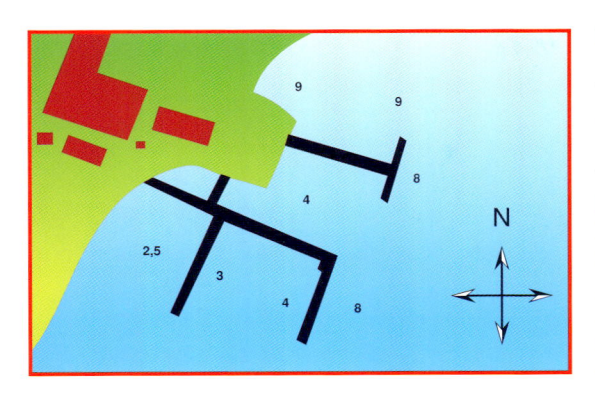

Die Ansteuerung des Yachthafens erfolgt nach Passieren der Klappbrücke, die im geschlossenem Zustand eine Durchfahrtshöhe von 6m bei Mittelwasser hat, direkt vom Fahrwasser aus.
Die Toft Marina verfügt über 120 Bootsliegeplätze und bietet dem Gastsegler mit seinen hervorragenden Serviceleistungen alle Vorzüge einer modernen Marina.
Eine Betankung mit Dieselkraftstoff ist jederzeit möglich.

Foto: Bernt Hoffmann

6 Gråsten/Lystbådehavn Fiskenæs

54°, 55,1' N, 9°, 36,3' E
Toldbodgade 5, DK 6300 Gråsten,
Tel.: +45-74 65 07 85

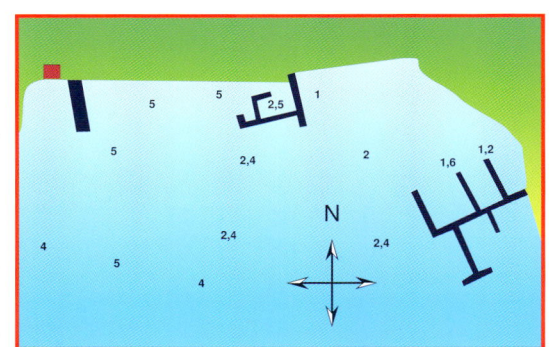

... ist ein Industrie- und Erwerbshafen mit ca. 20 Liegeplätzen, die benutzt werden können wenn sie frei sind. Bootsplätze bei Fiskenæs, ca. 230 Plätze.
Der Bootshafen des Segelclubs Gråsten liegt bei Egernsund, ca. 5 min von Gråsten entfernt.

Foto: Bernt Hoffn

360°

... rund um die Flensburger Förde
... omkring Flensborg Fjord

Bov
Kommune

Das Grenzland an der Flensburger Förde
Kollund – Kruså – Bov – Padborg – Holbøl

Allein schon das Wort „Grenzland" strotzt vor Geschichte, Kultur und spannenden Erlebnissen.
Förde, Wald, Strand, Plantagen und Dünen sind ein Füllhorn voll von der schönsten Natur.
Erleben Sie die echte südjüttländische Stimmung auf den sommerlichen Stadt– und Ringreiterfesten und probieren Sie die spannenden Gerichte aus der Region, nicht zu vergessen die südjüttländische Kaffeetafel.
Lassen Sie die Kleinen an den kinderfreundlichen Stränden auf Entdeckungsreise gehen, während Sie die herrliche Aussicht über die schöne Flensburger Förde geniessen.

Hier können Entdecken Sie historischen Sehenswürdigkeiten entdecken:
Das Frøslev-Lager ist das einzige intakte Gefangenen-Lager des 2. Weltkrieges in West-Europa. Besuchen Sie das Museum des Frøslev-Lagers, das Heimwehrmuseum, die Informationsbaraken des Bereitschaftsver-bundes, die Ausstellung der Wald- und Naturgesellschaft, Amnesty International und das FN-Museum.
Das Bov-Museum befindest sich im historischen „Oldemorstoft"-Gebäude. In den dazugehörigen 3 neuen Pyramiden-Gebäu-den befinden sich das Museum mit Ausstellungstükken aus der Region, das Land-

wirtschaftsmuseum und wechselnde Ausstellungen. In der Ferienzeit finden hier Aktivitäten für Kinder statt.

Der Fjordvejen – Dänemarks schönste Wegstrecke schlängelt sich entlang der Flensburger Förde, vorbei an den sagenumwogenen Ochseninseln, die man den ganzen Sommer hindurch mit einer kleinen Fähre von Sønderhav aus besuchen kann.

Geniessen Sie die vielen Wander- und Fahrradwege, den Gendarmenpfad und den Heerweg. Ein gut erhaltetes Stück des Heerweges/Ochsenweges kann man an der Gejlåbrücke in der Bommerlund-Plantage besichtigen, wo auch der Gedenkstein des berühmten Bommerlunder Schnapses steht.

Gendarmenpfad: 74 km Wander- und Fahrradruten, von Pattburg nach Høruphav auf Als. Über kleine Anhöhen, durch Wälder und entlang der Flensburger Förde.

Machen Sie einen kleinen Abstecher zum kleinsten und urigsten Grenzübergang: dem Skomagerhus (Schusterkate).

An der sogenannten „grünen Grenze" befinden sich die Grenzsteine. Sie sind an der Spitze mit einer Rille versehen, die als Pfeil-Linie auf den nächsten Grenzstein mit einer Rille „zielt". Ein spannendes Spiel für Kinder, wenn sie von Stein zu Stein finden können.

Im Staatswald befinden sich viele markierte Wanderruten: die Frøslev-Plantage, der Sønderhav-Wald, das Tunneltal bei Kruså, „Der Krumme Weg" und viele andere spannende Ruten. Der Waldspielplatz in der Frøslev-Plantage ist aus Naturmaterialien gebaut und mit seinen Schaukeln, Wippen und Klettergerüsten, samt einem grossen Grillplatz ein herrliches Ausflugsziel.

Die Grenzregion läd zum Shopping ein. Viele spannende und gut sortierte Spezialgeschäfte halten für Sie dänisches Kunsthandwerk, Antikvitäten und einzigartiges dänisches Design bereit, für das Dänemark weit über seine Grenzen bekannt ist.

Allerorts finden Sie viele Sehenswürdigkeiten, Aktivitätsmöglichkeiten und „hyggelige" Städte. Begegnen Sie den sehr gastfreundlichen Südjütländern.

Willkommen zu erlebnisreichen Ferien im Grenzland.

Weitere Informationen:

Kruså Turistbureau
Tlf. +45 74 67 21 71 · Fax +45 74 67 14 67
E-mail: turist@visitkrusaa.dk

GRENZMOTEL
AM OXER 19 · D-24955 HARRISLEE

fon +49 (0) 461-9957566
fax +49 (0) 461-9957567
www.grenzmotel.de · www.am-oxer.de
email: info@grenzmotel.de

ab € 50,00 inkl. Frühstück
fra € 50,00 inkl. morgenmad

- Moderne Doppelzimmer im skandinavischen Stil
- Grenzübergang Harrislee-Padborg
- gegenüber den Grenzmärkten
- "bed & breakfast"
- 5 min bis Flensburg

Sie finden uns:

Grenze Deutschland-Dänemark, Grenzübergang Harrislee-Padborg oder Autobahngrenzübergang Ellund, letzte Abfahrt Harrislee Richtung Grenzübergang Harrislee-Padborg.

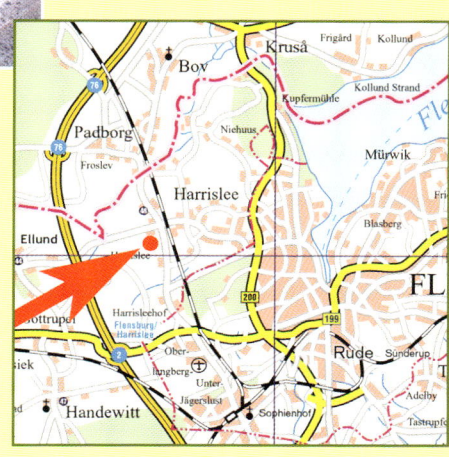

360°

... rund um die Flensburger Förde
... omkring Flensborg Fjord

1352 - 2002
650 Jahre
Harrislee

Harrislee

Harrislee – rundum erholsam und aktiv

Die Gemeinde Harrislee - eine städtisch geprägte Gemeinde mit rd. 11.600 Einwohnern, unmittelbar an der Grenze zu Dänemark gelegen - ist bekannt für ihren hohen Erholungswert. Dies liegt u. a. an der einzigartigen Lage zwischen Wasser und Wald, Wiesen und Wanderwegen in ökologisch hochwertigen Naturgebieten mit intakter Flora und Fauna.

Unbedingt sehen müssen Sie die Skulpturengruppe des Bildhauers Bernd Maro "Das Wahlversprechen" auf dem Marktplatz unserer Gemeinde. Dieses Kunstwerk hat im Sturm die Herzen der Menschen hier in unserer Region erobert!

Wanderer und Radfahrer finden ein gut ausgebautes und ausgedehntes, sogar "grenzenloses" Wander- und Radwegenetz bis nach Dänemark. Und wer weniger geruhsam seine Freizeit oder seinen Urlaub verbringen möchte, der ist in dieser aktiven Gemeinde ebenfalls herzlich willkommen.

"Wasserratten" kommen im Strandbad Wassersleben voll auf ihre Kosten. Die "Baywatch" im Strandpavillon, die DLRG Harrislee e. V., Tel. (0461) 7 00 24 03, sorgt für einen sicheren und ungetrübten Badespaß.

Die Segelsportverhältnisse sind in der Wassersiebener Bucht, Teil der Flensburger Innenförde, geradezu ideal. Nähere Informationen sind hierzu beim Segelsportverein Flensburg Harrislee e. V., Tel. (0461) 7 85 54, erhältlich.

Fotos: Raake

Wissenswertes über Harrislee

Lage und Verkehrsanbindung:
Die Gemeinde Harrislee liegt hoch im Norden von Deutschland, direkt an der Staatsgrenze zu Dänemark und mit gemeinsamer Stadt- bzw. Gemeindegrenze zur 3 km entfernten Stadt Flensburg.

Bei uns sind Sie in drei Minuten am Strand, in fünf Minuten in Skandinavien und in einer guten Stunde in Hamburg, dem "Tor zur Welt".

Harrislee ist gut zu erreichen über die Autobahn BAB 7 (E 3 Direktanschluss), den Seeweg (Seglerhafen im Ortsteil Wassersleben an der Flensburger Förde) und per Flugzeug (Regionalflugplatz Flensburg-Schäferhaus 4 km, Charterflüge, Luftfracht und Firmenluftverkehr).

Harrislee hat auch gastronomisch einiges zu bieten:
Hotel Wassersleben, Hotel des Nordens, Hotel Nordkreuz sowie rund 20 Gaststätten, Bistros und Cafés verwöhnen ihre Gäste gerne kulinarisch mit deutscher (gutbürgerlich oder haute cuisine), italienischer, chinesischer oder griechischer Küche.

Gemeindeverwaltung:
Bürgerhaus, Süderstraße 101
24955 Harrislee
Telefon (04 61) 7 06-0,
Telefax (04 61) 7 06-1 73
Internet: www.harrislee.de,
e-mail: info@gemeinde-harrislee.de

Harrislee – sehens- und erlebenswert

Ein Naturerlebnis der besonderen Art erwartet unsere Gäste und Urlauber in einem einzigartigen Naturerlebnisraum, dem Stiftungsland Schäferhaus. Hier haben Sie die Möglichkeit, eine intakte Landschaft hautnah zu erleben, Spuren der Vergangenheit zu suchen und zu entdecken. Wenn Sie dabei von neugierigen Wildpferden, den Koniks, sowie von durchweg gutmütigen Galloway-Rindern "Besuch" erhalten, bleiben Sie gelassen und halten Sie Ihrerseits einen respektvollen Abstand. Keinesfalls dürfen die Tiere gefüttert werden!

Auf einem sehr schön angelegten Rundwander- bzw. Radweg können Jung und Alt einen guten Einblick in das Beweidungsprojekt bekommen. Der Pächter des Stiftungslandes, der Naturschutzverein Bunde Wischen e. V., hat sich diese "Landschaftspflege auf vier Beinen" mit viel Sachverstand, Fachwissen und Know-how zur Aufgabe gemacht und gelangt sogar zu einer Vermarktung des ökologisch wertvollen Galloway-Rindfleisches; gezielte Informationen sind über www.bundewischen.de erhältlich.

Darüber hinaus bietet der Wanderweg im Stiftungsland für die ganze Familie spannende Erlebnisse mit einem Hörrohr, einer Großwildskulptur in Form eines hölzernen Waldelefanten, Wasserspielen sowie eine Zeitreise in die Jungsteinzeit mit Megalithgräbern und bronzezeitlichen Hügelgräbern.

Mitten durch den Naturerlebnisraum führt eine Originaltrasse des historischen Ochsenweges, auf der vom 14. bis 19. Jahrhundert Lebendvieh von Dänemark an die Elbe und darüber hinaus getrieben wurde. So entstand durch die "Ochsentrift" auch der Ochsenweg.

Seine geschichtliche Bedeutung im Wandel der Zeiten wird durch die Bezeichnung als Heerweg, Pilgerweg und Königsweg deutlich. Um den historischen Stellenwert des Ochsenwegs in lebendiger Erinnerung zu halten, wurden im Landesteil Schleswig entlang des Trassenverlaufs so genannte "Hörnerplätze" errichtet. Zwei gekreuzte Ochsenhörner, aus Eichholz hergestellt und mit Kupferbeschlägen an den Spitzen verziert, symbolisieren ein Stück bewegter Landesgeschichte.

Im Ortsteil Niehuus können Sie Ihren Streifzug durch vergangene Zeiten auf dem historisch bedeutsamen grenzüberschreitenden Wanderweg "Krummer Weg" fortsetzen, dessen Pflasterung – aus dem 17./18. Jahrhundert stammend – in jüngster Vergangenheit freigelegt wurde. Begleitet von Knicks und Alleebäumen läuft er über die sanften Hügel der typischen Endmoränenlandschaft und quert das Landschaftsschutzgebiet "Niehuuser Tunneltal". Es erwartet Sie ein einmaliges Landschaftserlebnis.

Eintauchen in ein weiteres Kapitel der Orts- und Landesgeschichte kann man auch im direkt an der deutsch-dänischen Grenze belegenen Ortsteil Kupfermühle. Wie der Ortsname offenbart, wurde hier seit dem 17. Jahrhundert Kupfer, später auch Messing, mit Hilfe von Wasserkraft als Energiequelle verarbeitet. Heute bieten die allgegenwärtigen Spuren der Kupfer- und Messingfabrik, die zugehörigen, Denkmal geschützten alten Arbeiterhäuser sowie das "Kupfermühle-Museum" mit Exponaten aus 400 Jahren Fabriks- und Siedlungsgeschichte ein beeindruckendes museales Ensemble.

Das Museum, dessen Gründung durch Beispiel gebendes, privates Engagement der Eheleute Gisela und Bodo Daetz möglich wurde, ist dienstags von 14:30 Uhr bis 17:00 Uhr oder nach Vereinbarung geöffnet. Besichtigungstermine für die Ausstellung in den Werkstätten und die Dampfmaschine können unter Telefon 0461-7935 vereinbart werden. Seien Sie herzlich eingeladen, eines der bedeutendsten Zeugnisse früher, deutsch-dänischer Industriegeschichte zu besuchen.

RSH-Beach-Party in Wassersleben

am 5. August 2005 von 18 - 24 Uhr am Strand in Wassersleben

Wer tolle Stimmung und gute Laune garantiert haben möchte, der ist bei der RSH-Party mit Moderator Volker Mittmann genau an der richtigen Adresse.
Anden Wochenenden ist der Moderator in ganz Schleswig-Holstein unterwegs und sorgt mit der RSH Party-Tour für stimmungsreiche und unvergessliche Feten.

Gospels & Spirituals
Big Mama & The Golden Six

Samstag, 19. November 2005, 19:30 Uhr, Bürgerhaus Harrislee
Vorverkauf ab 1. September 2005 an der Information im Bürgerhaus

Big Mama & The Golden Six war einer der Höhepunkte auf dem New Orleans Jazz Festival auf dem Marktplatz in Harrislee. Sie tragen die Gospels und Spirituals stimmgewaltig und überzeugend vor, so dass das Publikum sich mitreißen lässt.

Eröffnung der Grenzroute

Seit Mai 2005 haben Radwanderer ein neues Ziel vor Augen: Zwischen Nordseedeich und Ostseestrand ist ein Erlebnisradweg entstanden, auf dem man die besondere Kulturhistorie und die Natur der deutsch-dänischen Grenzregion erleben kann. Von der Wiedau-Schleuse an der Nordsee bis Flensburg folgt die fast 130 km lange Grenzroute auf idyllischen Wegen dem Verlauf der deutsch-dänischen Grenze und überquert diese an 13 Stellen. Zwei parallel verlaufende Radwanderrouten nördlich (DL-Nationalroute 8) und südlich (Nord-Ostsee-Radweg) der Grenze bieten zahlreiche Abkürzungs- und Rundwegmöglichkeiten.

Kulturelle Einrichtungen:
Kobbermølle Museum · Zur Kupfermühle 14 · Telefon +49 461/79 35

Theater:
Im Bürgerhaus werden von September bis April Aufführungen bekannter Tournee-Theater angeboten. Telefon +49(0)461/70 6-0 oder +49(0)461/7 54 00

Sportstätten:
Zentralschule, Alt Frösleer Weg 39 · Telefon +49 461/97 81-0
Holmberghalle · Holmberg 20 · Telefon +49 461/7 47 31
Mehrzweckhalle/ dänische Schule · Süderstraße 90 · Telefon +49 461/7 13 89
Tennishalle und -plätze des TCH · Alt Frösleer Weg · Telefon +49 461/7 46 03
Minigolfanlage Wassersleben

Bäder:
Kleinschwimmhalle und Sauna an der Zentralschule
Alt Frösleer Weg · Telefon +49 461/7 12 23
Schwimmbad im Hotel des Nordens · Kupfermühle · Telefon +461/7020
Strandbad Wassersleben, DLRG Wachstation +461/7 00 24 03

Hotels:
Hotel Wassersleben · Wasserleben 4 · Telefon +49 461/7742-0
Hotel des Nordens · Kupfermühle · Telefon +49 461/70 20
Hotel Nordkreuz · Süderstraße 12 · Telefon +49 461/7 74 00

Gemeindeverwaltung:
Bürgerhaus · Süderstraße 101 · 24955 Harrislee
Telefon +49 (0)461/706-0 · Fax: +49 (0)461/706-173
www.harrislee.de · email:info@gemeinde-harrislee.de

⑦ Yachthafen Wassersleben
Segelsportverein Flensburg-Harrislee

54°, 49,8' N, 9°, 25,3' E
Wassersleben 2, 24955 Harrislee
Tel.: +49 (0) 461-7 27 76

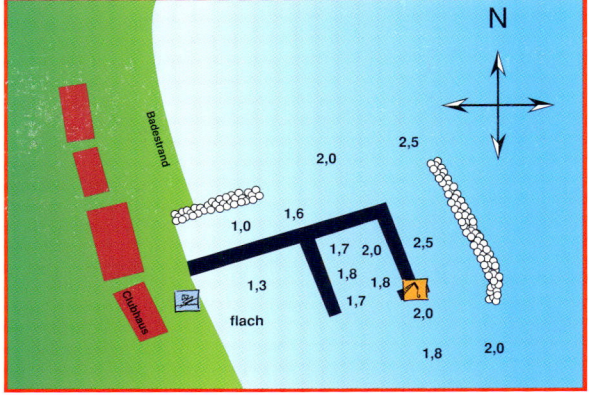

... ist ein Vereinshafen in der Flensburger Innenförde nordwestlich der Schiffswerft. Grüne Schilder kennzeichnen die freien Plätze. Schöne Wanderwege laden zu Erkundungen der unmittelbaren Umgebung ein. Beste Einkaufsmöglichkeiten und gute Busverbindungen in die Innenstadt. Nutzen Sie das Streckennetz der Aktiv Bus GmbH und AFAG (S. 77).

Die Busse fahren fast rund um die Uhr und Haltestellen befinden sich in Ihrer Nähe.

Foto: Bernd Hoffmann

360°

... rund um die Flensburger Förde
... omkring Flensborg Fjord

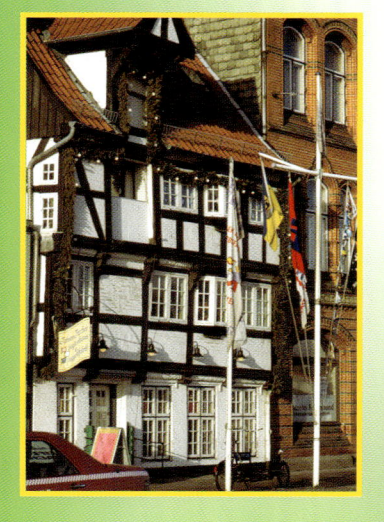

FLENSBURG

FLENSBURG GALERIE

Mit rund 20.000 qm Einzelhandelsmietfläche und über 70 Fachgeschäften auf 3 Ebenen bietet die Flensburg-Galerie ein Einkaufserlebnis, das keine Wünsche offen lässt. Die einzigartige Lage in der Flensburger Innenstadt, unmittelbar an der Hauptfußgängerzone "Holm", bietet beste Voraussetzungen für diesen neuen Einkaufsmittelpunkt.

FLENSBURGER UND IHRE GÄSTE KÖNNEN AB OKTOBER 2006 IN DER NEUEN „FLENSBURG GALERIE" EINKAUFEN UND BUMMELN

Die Kunden der Flensburg Galerie erwartet ein großzügiges Entré mit einer offenen Glasfront, welches das zweitälteste Gebäude von Flensburg auf eine sehr interessante Weise integriert. Rund 70 Shops präsentieren einen ausgewogenen für die Region maßgeschneiderten Branchenmix aus attraktiven Fach-, Gastronomie- und Dienstleistungsgeschäften.
Ankermieter sind das dänische Lifestyle-Kaufhaus "Bahne" und einer der führenden Unterhaltungselektronikmärkte Deutschlands. Mit einem Lesecafé und einer Dachterrasse werden im 2. Obergeschoss außerdem die Stadtbücherei, die Volkshochschule und das Kulturbüro in moderner Ausstattung neu eröffnen.
Unsere Flensburg Galerie macht Flensburg als Perle im Norden Deutschlands noch attraktiver und anziehender, so Maria Koopmann, Bereichsleiterin Einzelhandel der C+T Development GmbH & Co. KG.
Besonders erwähnenswert ist, dass Mitarbeiter des Archäologischen Landesamtes bei ihren Ausgrabungen auf der Baustelle der Flensburg Galerie festgestellt haben, dass der Flensburger Hafen vor 700 Jahren unmittelbar am Südermarkt lag.
Nun entsteht hier, durch eine sehr ansprechende, moderne Architektur mit lichtdurchfluteten Ladenstraßen, ein neuer Anziehungspunkt mit internationalem Flair.

Gute Nachricht für Flensburg

SHOPPING WIRD HERZLICHER

Qualifizierte Beratung und Rundum-Service
Info-Hotline: 030/54 11 555

Treffpunkt für Flensburg und den ganzen Norden

SHOPPING MIT HANSEATISCHEM FLAIR

Die Grundsteinlegung der Flensburg Galerie ist für die Stadt Flensburg ein Anlass zu besonderer Freude.

Auszug aus dem Grußwort des Flensburger Oberbürgermeisters zur Grundsteinlegung am 12. Mai 2005

Ein großer Meilenstein bei der Errichtung der 20.000 qm großen Einkaufsgalerie in der Flensburger Innenstadt war die feierliche Grundsteinlegung am 12.05.2005.

Über 300 Ehrengäste, unter Ihnen auch der Flensburger Stadtpräsident Hans Hermann Laturnus, die Vertreter der Investorengemeinschaft Trigon Management GmbH & Co. Flensburg KG, Karl-Heinz Heuß (Credit Suisse Asset Management Immobilien Kapitalanlagegesellschaft mbH) und Robert Roethenmund (C+T Development GmbH & Co. KG) sowie Harald Löhndorf vom Generalunternehmer Strabag AG, Direktion Hochbau Nord, nahmen an dem Festakt teil.

Für die Entwicklung, Planung, Realisierung und Vermietung des Projektes ist die C+T Development GmbH & Co. KG verantwortlich.

Wir freuen uns, Sie im Oktober 2006 in der Flensburg Galerie begrüßen zu dürfen.

**Hotline der Projektgesellschaft:
030/ 254 11-555**

Entwicklung | Realisation | Vermietung
C+T Development GmbH & Co KG
Katharina-Heinroth-Ufer 1 · 10787 Berlin
Tel 030-254 11 509 · Fax 030-254 11 588

FLENSBURGER SCHIFFERGELAG e.V.

Schiffbrücke 40, 24939 Flensburg
Ansprechpartner: Kapitän W.Prey, 1. Ältermann,
Tel: 04631-1298

Das Flensburger Schiffergelag, gegr. 1580, e.V. ist aus der, Ende des 14.Jh. gegründeten Gilde der Kaufleute und Schiffer hervorgegangen. Kaufleute und Schiffer wirkten im Seehandel zusammen, oft war der Kaufmann gleichzeitig der Schiffer. Das änderte sich im Laufe der Jahre. 1578 wird noch von der „Gemeinsamen Gilde der Kaufleute und Schiffer" berichtet. In der ersten Hälfte des Jahres 1581 gab es in Flensburg bereits 2 Gilden: die „Compagnie der gemeinen Kaufleute" und die „Compagnie der Schiffer". Später wurde diese zum „Schiffergelag" (von „Gelage", d.h. Zusammenkunft.) Die Gilde hatte mannigfache Verpflichtungen:

Sozialer Art: als da sind: Verstorbene ordentlich zu beerdigen, Witwen und Waisen zu unterstützen, gestrandeten Seeleuten eine Wegzehrung zu geben, Seeleute aus der osmanischen Sklaverei freizukaufen.

Öffentlich rechtlicher Art: Von See einkommende Waren zu wiegen und die Gebühren für die Stadt einzusammeln, Liegegelder der Schiffe zu kassieren, Ballast zu verkaufen, den Kran zu verwalten, Werkzeuge und Vorrichtungen zum Kalfatern der Schiffe bereitzustellen, das Seegericht zu besetzen und vieles mehr.

Heute bewahren im Schiffergelag 38 Gelagsbrüder (Kapitäne), 58 Mitglieder (der Seefahrtstradition verbundene Bürger und Bürgerinnen), 18 fördernde Mitglieder, 17 Gelagsdamen und -witwen die alten Traditionen: Die „Pfennigkasse" wird verwaltet und Zinserträge werden zu Weihnachten an bedürftige Menschen aus Seefahrerkreisen verteilt. Die Männer und Frauen des Gelags arbeiten eng mit dem Schifffahrtsmuseum zusammen, halten Vorträge, engagieren sich bei maritimen Veranstaltungen unserer Heimatstadt. Zahlreiche Veranstaltungen finden im Laufe des Jahres statt. Wenn Sie mehr über das Flensburger Schiffergelag, gegr. 1580, wissen möchten, dann besuchen Sie uns doch an einem unserer Klönschnacks an jedem Mittwoch um 16.00 Uhr im Sitz des Gelags, rechts neben dem Schifffahrtsmuseum. (Kapitän W.Prey, 1. Ältermann)

Nautischer Verein Flensburg e. V.
Mitglied im Deutschen Nautischen Verein von 1868 e.V.

Wir fördern Seefahrt • Schiffbau • Hafenwirtschaft

Vorsitzender: J.F. Jensen, Telefon: 0461-807611
Schriftführer und Geschäftsstelle: Chr. Cieblik, Tel.: 0461-32211, Fax: 0461-9093998

Unser Verein zählt mehr als 220 Firmen, Bürgerinnen und Bürger aus Flensburg und Umgebung zu seinen Mitgliedern, deren gemeinsames Ziel es ist, das Verständnis für Schiffahrt und Häfen in der Region zu fördern und zu vertiefen. Um das zu erreichen, veranstalten wir jedes Jahr von Oktober bis April jeweils am 2. Donnerstag im Monat um 19.30 Uhr „Nautische Abende" mit Vorträgen über aktuelle maritime Themen. Veranstaltungsort ist das Restaurant „Borgerforeningen" Flensburg, Holm 17, Gäste sind immer herzlich willkommen.

Höhepunkt des Jahres ist im März das „NAUTISCHE ESSEN" mit mehr als 200 Teilnehmern aus Schiffahrt, Bundeswehr, Behörden, Politik und Kaufmannschaft. Den Festvortrag hält jeweils ein hochqualifizierte Vertreter aus der maritimen Szene Deutschlands.

Weiterhin begleiten wir die deutsche Schiffahrtspolitik kritisch, u.a. durch die Mitarbeit im Beratergremium „Ständiger Fachausschuß beim Deutschen Nautischen Verein Hamburg".

Die Geschichte der Seestadt Flensburg

Autor: Dr. Broder Schwensen, Direktor des Städtischen Archivs Flensburg

Als nördlichste Fördestadt Deutschlands und südlichste Fördestadt Skandinaviens blickt Flensburg heute auf über 800 Jahre wellenbewegter Stadtgeschichte zurück.

Ihr Entstehen um 1200 verdankt unsere meergeborene Stadt nicht zuletzt den handelsträchtigen Seewegen im mittelalterlichen Ostseeraum. Gelegen am geschützten Ende der 20 Seemeilen ins Land hineingreifenden Flensburger Förde, wurden an der hiesigen Schiffsbrücke seit dem Mittelalter Regional- und Fernhandelswaren vielfältiger Art umgeschlagen: Flachs und Pelze aus Rußland, Erze und Holz aus Skandinavien, Fisch und Tran aus Norwegen, Bier aus Wismar und Stralsund, Tuche aus Flandern, Wein aus Bordeaux, Zuckerrohr und Pure-Rum sowie Edelhölzer aus Westindien.

Um 1600 zählte die Flensburger Handelsflotte über 200 Schiffe und Flensburgs wirtschaftliche Bedeutung überstieg die von Kopenhagen.

Viele Flensburger studierten an den hiesigen Navigationsschulen und befuhren als Steuerleute und Kapitäne die Weltmeere. Zu den bedeutendsten Flensburger Traditions-Gilden zählt daher auch das seit dem 16. Jh. bestehende „Schiffergelag".

Noch vor 120 Jahren prägte der hochaufragende Mastenwald der Segelschiffe das Flensburger Hafenbild. Das Meer, der Wind, die mit Werg kalfaterten Holzschiffe, das aus Hanf und Kokos geschlagene Tauwerk, die sonnengebleichten Segel aus gelohtem Leinen und die am Pier gestapelte Handelsware hatten hier über Jahrhunderte den Lebensrhythmus bestimmt.

Dank zahlreicher maritimer Traditionsveranstaltungen lebt diese Hafen-Atmosphäre alljährlich wieder auf.

Aber auch die Maschinen-Schiffahrt, der Stahl-Schiffbau sowie das Reederei-Geschäft waren und sind eng mit der maritimen Geschichte Flensburg verbunden. Während die ehemals blühende Fördeschiffahrt infolge Wegfalls von Zollvergünstigungen niederliegt, schlägt das reizvolle Segelrevier der deutsch-dänischen Flensburger Förde stets aufs Neue die Sportsegler aus Nah und Fern in seinen Bann.

Über viele Facetten dieser maritimen Geschichte Flensburgs können und sollten sich große und kleine Seh-Leute bei einem Landgang im „Flensburger Schiffahrtsmuseum" umfassend informieren. Ein Besuch lohnt sich!

Foto: Eiko Wenzel

Nielsen · Wiebe & Partner

Wirtschaftsprüfer · vereidigter Buchprüfer
Steuerberater · Rechtsanwältin

Wir bringen Sie auf Kurs!

Wirtschaftsprüfung

Steuerberatung und Steuergestaltung

Betriebswirtschaftliche Beratung

Rechtsberatung

WIKING-Treuhand GmbH
Wirtschaftsprüfungsgesellschaft · Steuerberatungsgesellschaft

A member of **HLB** International
A world-wide organization of accounting firms and business advisers

Europastrasse 33a · 24941 Flensburg · Tel.: 0461/90 250-0 · Fax: 0461/90 250-50
Email: info@nwup.de · www.nwup.de

Die Stadt Flensburg

Das Tor zu Skandinavien am eiszeitlichen Fjord

Hier bei Flensburg, vor den Toren Dänemarks, beginnt der „echte" Norden – direkt zwischen Nord- und Ostsee an der schmalsten Stelle zwischen Sylt und der „Dänischen Südsee". Von hier aus kann man in 45 Minuten „Küsten-Hopping" machen. Rund um Flensburg liegen auf deutscher und dänischer Seite, acht wunderschöne Schlösser, denn diese Region ist die Wiege europäischer Königshäuser. Von hier führen direkte Linien in die Königshäuser von Schweden, England und Russland, Griechenland und Norwegen. Der Flensburger Fjord gehört zu den schönsten Wassersportrevieren Europas mit dem größten europäischen Ausbildungszentrum für den Segelsport. Hier werden Europa- und Weltmeisterschaften ausgetragen.

Die Stadt der zwei Kulturen

Zwei Länder, zwei Küsten, zwei Kulturen. Flensburg lebte 400 Jahre unter der dänischen Krone. Hier lag die deutsche und die dänische Kultur im Wettstreit, hier ist noch heute alles deutsch und dänisch, doppelt und gemischt. Die hiesige Region ist eine der ältesten Kulturregionen in Europa und ein Paradebeispiel für das friedliche Miteinander der Kulturen. Ob Theater oder Orchester, Kindergärten oder Schulen, Festivals oder Bibliotheken, Kleinkunst oder Kabarett, „Hof-Kultur" oder Kantaten, an der „Küste" oder auf dem „Museumsberg" – wo zwei Kulturen aus der Vielfalt schöpfen, ist für Kurzweil allemal gesorgt.

Foto: Eiko Wenzel

Der Hafen – das Herz der Stadt

Terrassenförmig spielerisch staffeln sich die Häuserzeilen an den Hängen wie ein „Amphi-Theater" um den Hafen. Flensburg hat mit seinem einzigartigen Museumshafen die absolute Kompetenz für historische Seefahrt und ist in dieser Form konkurrenzlos in Europa. Flensburg ist aber auch „die" historische Seefahrer- und Hafenstadt. Hier ist die Heimat des Rums und der Westindienfahrt. Hier folgt man den Spuren alter Kapitäne mit dem Geruch von Abenteuer, Salz und Teer. Flensburg ist heute mit seinen legendären Groß-Veranstaltungen wie „Rum-Regatta", „Dampf-Rundum" und dem „Klassiker-Festival" das Zentrum der alten braunen Segelschoner, der kaiserlichen Yachten und der alten Dampfer. Eine Fahrt mit dem ältesten Salondampfer „Alexandra", einem Ausflugsdampfer oder einem alten Schoner bleibt ein unvergessliches Erlebnis. Direkt am Anleger gelegen, erzählen das Schiffahrtsmuseum und Deutschlands einziges Rum-Museum mehr Geschichten von Seefahrt und Rum.

Einkaufen und Bummeln

Die berühmten alten romantischen Kapitäns- und Kaufmannshöfe, die wunderbaren Fassaden, die alten Märkte und Plätze, die sprudelnden Brunnen, Cafes und Galerien laden zum Verweilen ein. In Flensburg ist man tolerant und weltoffen – eben skandinavisch! – und alles hat fast südländisches Flair. Flensburg ist „die" Einkaufsstadt zwischen Hamburg und Kopenhagen. Nur fünf Minuten vom Hafen entfernt, mitten in der historischen Altstadt, liegt eine Shopping-Meile, die in Größe, Vielfalt und architektonischer Schönheit ihresgleichen sucht. Glasgedeckte Passagen und großstädtische Schaufenster schicker Modehäuser und Boutiquen wechseln mit kuriosen Tattoo-Shops, kleinen Spezialitäten-, Kunst-, Design- und Antiquitätenläden. Hier kann man in den romantischen Höfen auf endlose Entdeckungsreise gehen, oder am Stadtrand in den Malls der großzügigen Shopping-Center flanieren.

Spiel und Spass

Flensburg ist natürlich kinderfreundlich, denn hier gibt es die Phänomenta, die phänomenale Erlebnis-Ausstellung zum Mitmachen rund um sehen, hören, riechen und alles probieren... Und hier gibt es die Kinderwerft am Museumshafen, wo kleine Kapitäne ihre ersten Erfahrungen im Schiffbau machen können!

Mehr Infos?
Wir sind für Sie da:
Flensburg-Info im Europa-Haus am ZOB,
24937 Flensburg,
Telefon +49 (0)461 90 90 920
Fax +49 (0)461 90 90 936
info@flensburg-tourist.de
www.flensburg.de

Verkehrsgemeinschaft Flensburg
Liniennetz ab 12. Dez. 2004
1 Krusau/DK - ZOB - Bahnhof
2 Am Lachsbach - ZOB - Twedter Plack
3 Marienhölzung- ZOB - Solitüde
4 Am Klueshof/Harrislee - ZOB
5 Hesttoft - ZOB - Campus Uni/FH
7 Am Lachsbach - ZOB - Tremmerup
10 Sportland - Twedter Plack
11 Twedter Plack - Südermarkt - Weiche
12 ZOB - Rude - Weiche
13 ZOB - Sandberg - ZOB
14 ZOB - Fördepark
15 ZOB - TGZ/ Industriegebiet Süd
21 ZOB - Holnis/Glücksburg
1599 ZOB - Tarup
sonstige Überlandlinien
Die Linienverläufe können sich saisonal ändern, bitte berücksichtigen Sie den Fahrplan!
Information: Mobilitätszentrale im Europahaus am ZOB
0461/50 59 107
www.mobizentrale.de
Haltestellen-Innenstadt
ZOB: 1,2,3,4,5,7,12,13,14,15,21,1599
A Angelburger Str.: 1,3,5,7,10,11,12,13,14,15,21,1599
B Südermarkt: 1,2,3,5,7,10,11,12,13,14,15,21,1599
C Deutsches Haus: 1,5,12,14,15,21
D Hafermarkt: 3,7,10,11,13,21,1599
DANMARK
Flensburger Förde
Krusau
Kupfermühle Kiosk
Kupfermühle Abzw.
Wassersleben
Wassersleben-Kurhaus
Strandbad
Solitüd
Solitüde Gaststätte
ZOB-Glücksburg
Twedter Plack
Wacholderbogen
Twedter Feld
Osterkoppel
Marrensberg
Tremmerup
Sportschule
Bauernhof
Kiefernweg
Mürwik
Tannenweg
Osterallee
Hildebrandstraße
Friedheim
Seewarte
Osterallee/Eibenweg
Ziegeleistraße
Fruerlund
Stadion
Fruerlundholz
Schleibogen
Alsterbogen
Fruerlundhof
Hesttoft Nord
Hesttoft Süd
Wasserlooser Weg
Schottweg
Twedt
Blasberg
Bohlberg
Engelsby
Neuer Weg
Engelsby
Mozartstr.
Brahmsstr.
Merkurstr.
Trögelsbyer Weg
R.Wagner Str.
Fruerlund
Adelbyer Kirchenweg
Ludwigstal
Parsevalstr.
Jürgensby
Volkspark
Sonwik
Industriehafen
Ballastbrücke
Hafendamm
St.-Jürgen-Platz
Mommsenstr.
Schulgang
Norderlück
Wiedeberger Weg
Tarup Post
Tarup
Backerweg
Adelby Kirche
Sünderuper Weg
Kantstr.
Johannismühle
Osttangente
Klueshof/Harrislee
Slukefter
Ramsharde
Nordstadt
Harrislee
Am Lachsbach
Strandbad Ostseebad
Sonderburger Str.
Ostseebadweg
Kupfermühlenweg
Glashütte
Bauer Landstr. Kaserne
Am Katharinenhof
Terassenstr.
Bauer Landstr.
Harrisleer Kreuz
Taubenstr.
P+R Nordkreuz
Harrisleer Str.
Junkerhohlweg
Neustadt
Grönlandgang
Norderto
Waldstr.
Norderallee
Gust.-Joh.-Schule
Gesundheitshaus
Schifffahrtsmuseum
Franziskus Hospital
Finanzamt
Marienhölzungsweg
Burgplatz
Toosbüystr.
Flurstr.
Gertrudenstr.
Rummelgang
Marienhölzung
Westl. Höhe
Nerongsallee
Stadtpark
Wrangelstr.
Moltkestraße
Kath. Kirche
Stadttheater
ZOB
Timm-Kröger-Weg
Falkenberg
Goerdeler Str.
Mühlenfriedhof
Museumsberg
Schule
Südermarkt
Stille Liebe
Ochsenmarkt
Mathildenstraße
Stuhrsallee
Rathaus
Angelburger Str.
Hafermarkt
Kanzleistr.
Deutsches Haus
Sandberg
Schreiberstr.
Kanzleistr.
Schulze-Delitzsch-Str.
Tierheim
Sportland
Friesischer Berg
Theodor-Storm-Str.
Neumarkt
Marienallee
Wittenberger Weg
Munketoft
Martinsberg
Mühlendamm
Löhmannschule
Uni
FH
Mensa
Campus
Friedenshügel
Lundweg
Rude
Bahnhof
Bahnhof Serpentine
Sandberg
Westerallee
Tegelbarg
Dibler Str.
Zur Bleiche
Meierei
St. Pauli
B200 (Westtangente)
Eckernförder Landstr.
Valentiner Allee
Südstadt
Lilienthalstr.
Liebigstr.
Steinfelder Weg
Fuchskuhle
Sophienhof
Ochsenweg
TGZ/Industriegebiet Süd
Fördepark
Lise-Meitner-Str.
Förstersteig
Holzkrugweg
Bredstedter Str./ Motorola
Bahnhof Weiche
Keitumer Weg
Heideweg
Nikolaus-Matthiesen-Str.
Mühlental
Weiche
1605 FL-Gelting-Kappeln
1601 Fl-Neukirchen
1602 Fl-Westerholz
1603 Fl-Husby
1604 Fl-Sterup-Kappeln
1590 Fl-Böklund-Sl
1592 Fl-Satrup
4810 Fl-Sl-Kiel
1550 Fl-Eggebek
1580 Fl-Bredstedt
1044 Fl-Husum

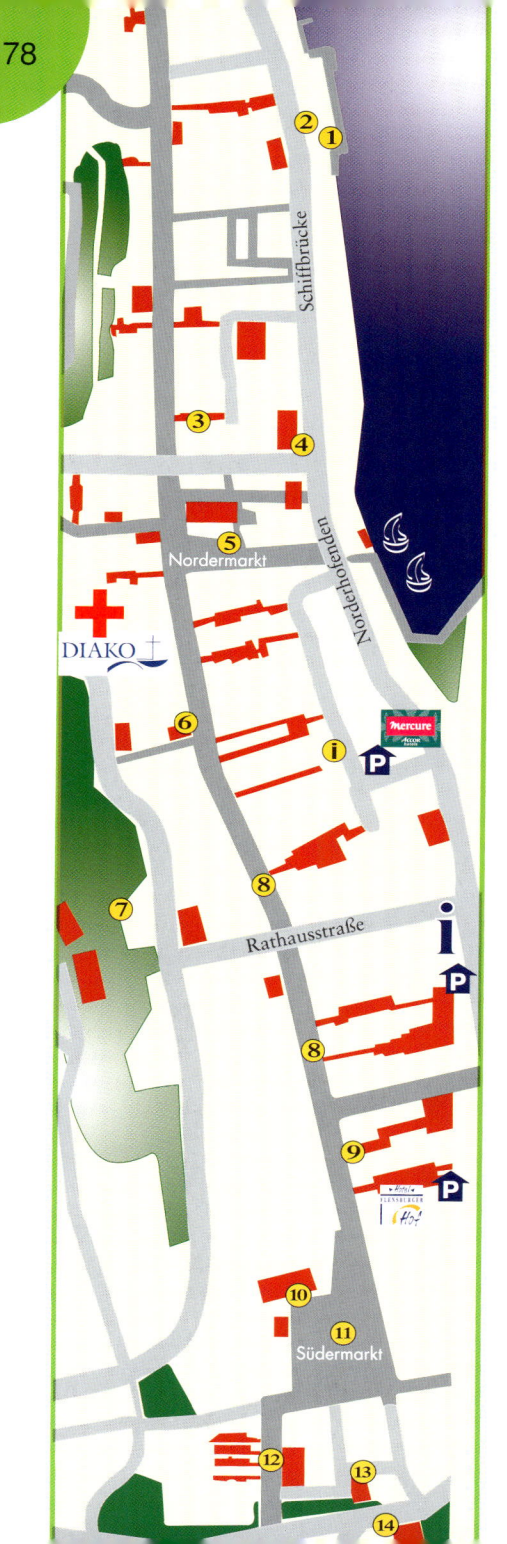

Eine kleine Entdeckungsreise durch Flensburg ...

1. Museumshafen + Museumswerft
2. Schiffahrtsmuseum
3. Lagerhaushof und Künstlerhof
4. Rumhaus Sonnberg
5. Neptunsbrunnen
6. Heiliggeistkirche
7. Museumsberg
8. Große Straße und Holm
9. Holmpassage
10. St. Nikolai-Kirche
11. Südermarkt
12. Rote Straße
13. Kloster zum Heiligen Geist
14. Deutsches Haus

KRANKENHÄUSER IN FLENSBURG

Diakonissenanstalt
Knuthstraße 1, 24939 Flensburg
+49(0)461-812-0

Frauen- und Kinderklinik
Marienhölzungsweg 4, 24939 Flensburg
+49(0)461-1456-0

Klinik für Orthopädie- und Unfallheilkunde
Reepschlägerbahn 34, 24937 Flensburg
+49(0)461-14115-0

Hier gibt es wirklich viel zu sehen!

Museumshafen und Museumswerft (1)
Hafen für Traditionssegler. Am Bohlwerk, mit dem markanten Kran aus Holz, werden alte Schiffe in traditioneller Weise gebaut und restauriert. Zuschauer sind herzlich willkommen! Hier finden Rum-Regatta, Apfelfahrt und Grog-Törn statt.

Schifffahrtsmuseum (2)
(im alten Zollpackhaus) Zeugnisse aus der 700jährigen Handels-und Seefahrtsgeschichte Flensburgs.

Rum-Museum (2)
Die Geschichte der Rum-Stadt Flensburg (im Schifffahrtsmuseum). Einzigartig in Deutschland.

Dampfschiff „Alexandra"
Eingetragenes technisches Denkmal, der einzige seegehende Salondampfer in Deutschland.

Aussichtsplattform Duburg
Auf dem Schlosswall, zu erreichen über den Rummelgang oder über die Marinetreppe. Von dort herrlicher Blick über Flensburg und die Flensburger Förde.

Oluf-Samson-Gang
Früher Wohnstraße der Schiffer und Handwerker, dann viele Jahre „Liebesgasse" im Vergnügungsviertel der Stadt.

Willkommen im Investment & FinanzCenter

Gestalten Sie jetzt Ihre Zukunft mit unseren Expertenteams.

Sprechen Sie mit uns:
Investment & FinanzCenter
Flensburg
Rathausstraße 10/12
24937 Flensburg
Görd Hübner
Telefon: 04 61/8 68-131

Leistung aus Leidenschaft.

Deutsche Bank

Lagerhaushof & Künstlerhof (3)
In der Norderstraße mit Verbindung zur Segelmacherstraße, eindrucksvolle Beispiele des Beginns der Stadtsanierung vor rund 20 Jahren.

Rumhaus Sonnberg (4)
Das älteste Rumhaus Flensburgs, heute Hansen´s Brauerei".

Rumhaus Johannsen
Ehemals kleinstes Rumhaus Flensburgs im Johannsen-Hof in der Marienstraße, heute größtes, noch fabrizierendes Rumhaus der Stadt. Ein Besuch lohnt sich!

Marienkirche
Steinbau aus dem Jahre 1284, dreischiffig mit einigen spätmittelalterlichen Deckenmalereien. Bronzetaufe von Michael Dibler (1591), Altar von Bildensnider Hinrich Ringeringk und dem holländischen Maler Jan van Enum. Von Bedeutung sind die Epitaphien (Gedenktafeln für Verstorbene), besonders beachtenswert die der Familie Beyer (1591) mit damaliger Stadtansicht. Eindrucksvolle Glasfenster der Flensburger Künstlerin Käte Lassen (1880 - 1956).

Kompagnietor
1602 erbaut vom Flensburger Schiffergelag, der Vereinigung (Kompagnie) Flensburger Schiffer und Kaufleute. Im Giebel Stadtwappen von 1603 sowie das Siegel König Christian IV. und der Königin Anna Katharina. Die Hochwassermarken am Gebäude zeugen von vergangenen Flutkatastrophen.

Nordermarkt (5)
Platz aus der Stadtgründerzeit mit den Schrangen, einem Arkadengang, in dem Bäcker und Schlachter ihren Standplatz hatten. In der Giebelseite der Schrangen ist noch die Halterung für das Halseisen zu sehen, das der Gerichtsbarkeit diente.

Italien genießen
Ristorante · Pizzeria
San Marco

Ihr Italiener
in der Innenstadt
seit 34 Jahren

Große Straße 28 · 24937 Flensburg
Tel. 04 61-2 25 35
www.san-marco.de

Bier erleben
HANSENS BRAUEREI
Deutschlands nördlichste Gasthaus-Brauerei

Der Treffpunkt
direkt am Innenhafen
- hausgebraute Biere - urige Gemütlichkeit
- qualitätsbewusste Küche - Biergarten vor dem Haus

Schiffbrücke 16 · 24939 Flensburg
Tel. 04 61-2 22 10
www.hansens-brauerei.de

Flensburg Hus
Ehemaliges Waisenhaus, 1723 - 1725 aus den Steinen der abgerissenen Duborg erbaut, Balkeninschriften in dänischer Sprache im Tordurchgang, Spiegelmonogramm König Friedrichs IV. in der Fassade. Sitz von Einrichtungen der dänischen Minderheit in Flensburg und des Landesteils Schleswig.

Neptuns-Brunnen (5)
1758 erbaut, mit Widmung des dänischen Königs Friedrich V.

Heiliggeistkirche (6)
1386 erbaut, seit 1588 Gotteshaus der Dänischen Gemeinde. Spätmittelalterliche Fresken, Barockaltar, Votivschiffe.

Westindienspeicher
Im Hof zwischen Große Straße 24 und der Speicherlinie, 1789 gebaut. Zeugnis der Geschichte des blühenden Handels mit den westindischen Inseln.

Museumsberg (7)
Städtisches Museum, Hans-Christiansen- und Heinrich-Sauermann-Haus. Reiche Sammlung zur Kunst- und Kulturgeschichte im Landesteil Schleswig, bedeutendes Regionalmuseum mit einzigartiger Peselsammlung, Halligstuben der Westküste, Möbel aus Schleswig-Holstein, mittelalterliche sakrale Kunst, bedeutende Nolde-Sammlung, wechselnde Ausstellungen. Naturwissenschaftliches Museum.

Alter Friedhof
Wunderschöne Anlage von 1813 mit eindrucksvollen Grabsteinen und Denkmälern, sowie Soldaten- und Familiengräbern. Klassizistische Friedhofskapelle von Axel Bundsen, erbaut 1810 - 1813. Der anliegende Christiansenpark ist ein bedeutendes Gartendenkmal im Ensemble mit dem Museumsberg und dem Alten Friedhof.

Fischrestaurant "Piet Henningsen"

Flensburgs weltbekanntes Fischrestaurant! 1886 hatte der Flensburger Schiffszimmermann Reinhold Henningsen die christliche Seefahrt an den Nagel gehängt und im Hause des Bäckers M.C. Andresen den richtigen Ankerplatz gefunden. Er wurde Gastwirt. Ab 1908 übernahm sein Sohn "Piet" das einmalige Restaurant. Aus dem alten Treffpunkt für Fahrensleute wurde ein gepflegtes Speiserestaurant das weit über Flensburgs Grenzen hinaus international bekannt ist.

Schiffbrücke 20 · 24937 Flensburg
Tel. 04 61 - 2 45 76
Fax 04 61 - 2 87 77
www.restaurant-piet-henningsen.de

Große Straße & Holm (8)

Die große Fußgängerzone in Flensburg: hier kann man nicht nur Bummeln und Shoppen, sondern hier finden sich auch architektonische Perlen mit Geschichte, z.B. Holm Nr. 10, die restaurierte Fassade eines Stadtpalais aus dem Jahre 1853; Holm Nr.17, ein Anwesen aus der Zeit des Norwegenhandels im 18. Jahrhundert; Holm Nr. 19/21, einer der ältesten erhaltenen Handelshöfe aus Flensburgs Blütezeit vor dem 30jährigen Krieg.

Hof Borgerforeningen

(Holm 17) Im Königssaal des heutigen Restaurants feierte im 19. Jahrhundert der dänische König Friedrich VII. große Feste.

Holmpassage (9)

Innenstadt-Passage mit gelungener Verbindung von historischer Bausubstanz (Rundturm und Bommerlunder Lagerkeller) und modernster Baukultur.

St. Nikolai-Kirche (10)

Steinbau, um 1390, größte Kirche der Stadt. Namensgebung nach dem Schutzpatron der Schiffer und Seeleute. Bronzetaufe aus dem 15. Jhdt., Kanzel aus dem 16. Jhdt.
Das größte Kunstwerk dieser Kirche, der berühmte Orgelprospekt von Hinrich Ringeringk (1609) gilt als die aufwendigste Renaissance- Orgelfassade im ganzen Norden, 2002 umfangreich saniert.

Ein Spaziergang entlang am Ostufer des Flensburger Hafens

Neben hervorragenden Fischrestaurants führt Sie der Weg an einer der interessantesten Galerien Flensburgs vorbei, deren Besuch Sie nicht versäumen sollten. (Siehe Seite 112)

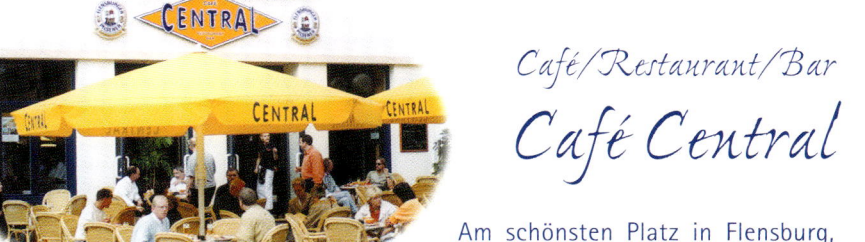

Café/Restaurant/Bar

Café Central

Am schönsten Platz in Flensburg, dem Nordermarkt, liegt das "Café Central" mit 200 Plätzen und zusätzlich 120 Außenplätzen. Das einmalige Ambiente mit über 500 Bildern hat seit der Eröffnung im August 2000 viele begeisterte Gäste gewonnen.
Die große Zahl der Stammgäste spricht für sich. FRISCHE KÜCHE wird hier großgeschrieben! Eigene Waffelherstellung und frische Tees und die reichhaltige Speisekarte bieten Bestes für jeden Geschmack.
Für unser bekanntes Brunchbuffet, sonntags von 9.30 -14.00 Uhr sollten Sie unbedingt vorreservieren. Wir haben täglich ab 8.00 Uhr für Sie geöffnet.

**Große Straße 83
24937 Flensburg
Tel. 0461 - 1 50 91 00
www.cafecentral-flensburg.de**

BDS
Kreisverband Flensburg für Stadt und Land

Der Bund der Selbständigen
Kreisverband Flensburg für Stadt und Land

- Unternehmensverbund verschiedenster Berufsstände
- Landesweite Interessenvertretung
- Umsetzung von Projekten für unsere Region

Projektgruppen:
- Fernsehen/BDS-Magazin Nord
- Hafenentwicklung und Wirtschaftsverkehr
- Marketing Club
- Internet
- YOU ! MM - European Minority Marathon
- Basel II

Haben wir Ihre Neugier geweckt?
Vielleicht interessieren auch Sie sich für unsere Projektgruppen und eine Mitgliedschaft im Kreisverband Flensburg. Der Vorstand unseres Kreisverbandes steht Ihnen für weitere Fragen gerne zur Verfügung:

Geschäftsstelle:
1. Vorsitzender: Gernot W. Thomsen
TT projektentwicklung und consulting gmbh
Niehuuser Str. 12 · 24955 Harrislee
Telefon 04 61/77 00 20-0 · Fax 04 61/77 00 20-40

www.bds-flensburg.de

Rum-Geistern

Stadtführung inkl. Besichtigung eines Rumhauses, Förderundfahrt von Flensburg nach Glücksburg und zurück, Mittagessen im Schlosskeller, Schlossführung.
Preis pro Person: 35,- EUR,
Buchbar: Mitte April – Mitte Oktober
(Gruppengröße ab 20 Personen,
kleinere Gruppen auf Anfrage)

Seemannsgarn

Stadtführung durch das Kapitänsviertel, Mittagessen, Förderundfahrt, Führung durch das Schiffahrts- und Rummuseum.
Preis pro Person: 30,- EUR
Buchbar: Mitte April – Mitte Oktober
(Gruppengröße ab 20 Personen,
kleinere Gruppen auf Anfrage)

Graziöses Flensburg

Kirchenführung, Förderundfahrt,
Kaffee & Kuchen , 3-Gänge-Menü,
Stadtführung „Dämmerungsbummel"
Preis pro Person: 35,- EUR
Buchbar: Mitte April – Mitte Oktober
(Gruppengröße ab 20 Personen,
kleinere Gruppen auf Anfrage)

Berühmtes Flensburg

Stadtrundgang „Auf den Spuren bekannter Flensburger", Führung auf dem Museumsberg, Mittagessen in einem ausgesuchten Restaurant, Rumführung inkl. Rumprobe.
Preis pro Person: 30,- EUR
(Gruppengröße ab 10 Personen,
kleinere Gruppen auf Anfrage)

Weihnachtsglanz

Stadtführung inkl. einem Punsch,
Weihnachtliche Kaffeerunde,
Führung Museumsberg, 3-Gänge-Menü
Preis pro Person: 45,- EUR
Buchbar: 01.12. – 31.12.
(Gruppengröße ab 20Personen,
kleinere Gruppen auf Anfrage)

Küstenwächter

Party, Spaß und gute Laune garantiert Ihnen ein Abend mit einem unserer Küstenwächter. Suchen Sie sich Ihren ganz persönlichen Szeneguide aus und buchen diesen für 2-3 Stunden. Der Küstenwächter führt Sie durch das Flensburger Nachtleben.

Was Flensburg mit der Karibik verbindet ...

Die Geschichte des Flensburger Rums ist eng verbunden mit dem großen Zeitalter der Seefahrt, der Eroberungen und Entdeckungen. Flensburg war im 18. Jahrhundert einer der bedeutendsten Handelshäfen für die Schiffe der Westindien-Flotte, die regelmäßig in die Karibik aufbrachen, um von den ehemals dänisch-westindischen Inseln St. Thomas, St. Croix und St. Jan den Rohrzucker und damit den Rum zu holen. In der Blütezeit des Rums gab es in Flensburg über 200 Rumhäuser. Heute legen das alteingesessene Rumhaus Johannsen in der Marienstraße und die kleine Rum-Manufaktur von Braasch in der Roten Straße hochfeine Kreationen vor.
Ein ideales Mitbringsel aus dem Flensburg-Urlaub!

sparnis für das Kind und die Eltern.

Neben der Betreuung kleiner Patienten erfahren auch Erwachsene hier im Institut eine hervorragende Therapie und Hilfe.

Die Persönlichkeitsstärkung der Kinder wie auch der Erwachsenen nimmt neben einer qualifizierten Elternberatung und der effektiven Zusammenarbeit mit anderen Institutionen einen breiten Rahmen ein.

Der Verdacht auf eine **legasthene Störung** und eine **Rechenschwäche (Dyskalkulie)** lässt sich bereits im Kindergartenalter diagnostizieren und vor Schulbeginn behandeln.
In Vorträgen in Kindergärten und Schulen werden Eltern auf diese Problematik aufmerksam gemacht und ermutigt, frühzeitig Hilfe einzuholen.

Wir helfen bei ...

- Sprachstörungen
- Lese und Rechtschreibschwäche
- Rechenschwäche
- motorischen Auffälligkeiten

... und bieten standardisierte und informelle Testverfahren zur Diagnose und Beratung hinsichtlich

- Hochbegabung
- Schulreife
- weiterführender Schule
- indiv. Fördermaßnahmen

Autogenes Training für Kinder

- Persönlichkeitsstärkung

Sommerferienkurse

Auch in diesem Sommer biete ich Ferienkurse für Kinder ab 4 Jahren in altersgerechten Kleingruppen in meinem Institut an.

- Verbesserung der Lese-, Sprach- und Schreibkompetenz
- Theaterspiel
- Geschicklichkeitsübungen

Beate – Uhse – Preis
für eine Unternehmerin mit Sinn für Kindersorgen

Eva-Maria Jahn aus Flensburg hat den mit 10.000 EURO dotierten Beate-Uhse-Unternehmerinnen-Preis für Frauen aus Schleswig-Holstein erhalten.
Der Erotik-Konzern zeichnete sie für ihre Unternehmensidee aus, die sie in ihrem Institut für Sprachheil- und Lernpädagogik, Ergotherapie und Logopädie umsetzt.

Eva-Maria Jahn überzeugte die Jury durch ihr ganzheitliches Konzept, mit dem sie Kindern mehr Selbsvertrauen gibt und Schulversagen verhindert.

Nach 25 Jahren im Schuldienst als Sonderschullehrerin machte sie sich 2001 mit dem Institut Jahn in Flensburg selbstständig.

Die Stärke ihrer Arbeit liegt in der Verzahnung unterschiedlicher Therapie-Ansätze und in der damit verbundenen Zeiter-

Der Kursbeginn ist laufend möglich. Die Kurse gehen über 3 Tage, jeweils 4 Stunden pro Tag. Die Angebote finden morgens und nachmittags statt. Ein Kurs kostet 100,00 Euro, für Institutskinder gibt es Sonderkonditionen, bitte nachfragen.

Nach der guten Resonanz im vergangenen Jahr bietet das Institut Jahn zum zweiten Mal eine

Leseintensivmaßnahme an.

Unser Kurs beinhaltet eine ausführliche Elternberatung und findet statt
Montag – Freitag vom 04.07. – 08.07.05 von 10.00 bis 12.00 Uhr.
Die Kosten betragen 150,00 Euro.
Bitte einen kleinen Imbiss und Getränk mitbringen.

PREMIERE IM INSTITUT JAHN

Zum ersten Mal bietet das Institut Jahn einen

Intensivkurs zur Verbesserung der Rechenfähigkeit an.

Unser Kurs beinhaltet eine ausführliche Elternberatung und findet statt
Montag – Freitag vom 27.06. – 01.07.05
10.00 bis 12.00 Uhr.
Die Kosten betragen 150,00 Euro.

Bitte einen kleinen Imbiss mitbringen.

Geologenkurs

Junge Geologinnen und Geologen forschen…
… in den Sommerferien am Strand von Solitüde:
Dort suchen wir Versteinerungen, Zaubersand, Kristalle und Steine, die fast so alt sind wie unsere Erde. Gemeinsam untersuchen wir die Gesteine, machen spannende Experimente mit Steinen und Wasser und Spiele, bei denen es etwas „Steiniges" zu gewinnen gibt. Wer hat Lust?
Die Kurse finden statt am
Dienstag, den 12. Juli 2005
Kurs 1 von 10.00 bis 11.30 Uhr und
Kurs 2 von 13.00 bis 14.30 Uhr.

Je nach Alter teilen wir die Kinder Kurs 1 oder 2 zu. Kosten 10,00 Euro, wir bitten um rechtzeitige verbindliche Anmeldung.
Ich freue mich auf Euch!
Eva Börning, Diplomgeologin

Um Anmeldung für den jeweiligen Kurs wird gebeten unter:
Tel.: 04 61 – 500 99 81
www.institut-jahn.de

Institut Jahn

**Sprachheil- und Lernpädagogik
Ergotherapie und Logopädie**
Solitüder Straße 78c · 24944 Flensburg
Telefon: 04 61/500 99 81

www.institut-jahn.de

FLENSBURGER BRAUEREI

Wann haben Sie das letzte Mal eine Brauerei ausspioniert?

Na, dann wird's aber Zeit. Was bietet sich da mehr an als die nördlichste Brauerei der Republik? Wo noch die echten Bügelverschlussflaschen zum Einsatz kommen? Und das seit über 116 Jahren? Sehen Sie. Also stecken Sie Ihre Kamera ein und folgen Sie uns unauffällig.

Am Anfang kommt ein Film.

20 Minuten beste Leinwandunterhaltung gepaart mit interessanten Fakten.
Freie Platzwahl, freier Eintritt und frei von Werbung. Wo gibt es das heute noch?

Dann kommen Sie in die Keller.

Eine geheimnisvolle Tour durch Sudhaus, Gär-, Filter- und Lagerkeller. Sollten Sie jemanden bemerken, der ein Nachtsichtgerät trägt, weisen Sie ihn bitte dezent darauf hin, dass wir Licht haben.

Dann werden Sie abgefüllt.

Haben Sie alle Informationen gespeichert? Dann geht's zu einem deftigen Essen in den Flensburger Salon. Hier können Sie mit allen unseren Produkten noch einmal direkt in Kontakt treten. So direkt, wie es Ihnen schmeckt.

Bis zu 1 Million Mal am Tag. „Sie" heißt in diesem Fall unsere Bügelverschlussflaschen. Aber die rasante Technik, mit der hier gefüllt, verschlossen, etikettiert und kontrolliert wird, stillt zumindest Ihren Wissensdurst. Um Ihren herkömmlichen Durst kümmern wir uns natürlich anschließend auch noch.

Geheimsache.

Und dann wird´s auch noch kulinarisch.

Unverzichtbar: der Lageplan.

Sie können natürlich auch jemanden nach dem Weg fragen. Aber besser ist, Sie fragen nach der Flensburger Brauerei.

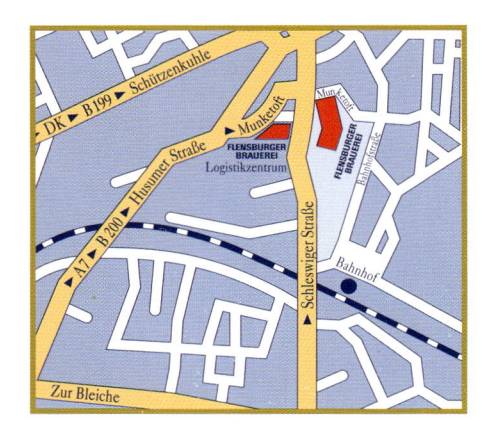

Spionagetipps.

Die nächstmöglichen Spionagetermine kennt nur Ihre Kontaktperson, Codename: Frau Jensen. Sie sollten mindestens 4 Wochen vorher mit ihr in Verbindung treten. Und zwar montags bis freitags zwischen 8.00 und 17.00 Uhr.

Ihre Geheimnummer lautet:

☎ 0461/141 28-24.

Unsere Spionagetouren sind so geheim, dass niemand weiß, dass sie montags bis freitags um 10.00 und 14.00 Uhr stattfinden, 3 Stunden dauern und pro Spion 5 € kosten.

Bitte geben Sie diese Informationen nicht weiter. Höchstens Ihren wirklich guten Freunden. Oder guten Bekannten. Oder Leuten, mit denen Sie noch nicht so gut bekannt sind, es aber gern wären.

Flensburger Brauerei Emil Petersen GmbH & Co. KG
Munketoft 12 · 24937 Flensburg
Telefon: 0461/863-0 · Telefax: 0461/863-300
Internet: www.flens.de · E-Mail: info@flens.de

Das Flensburger Schiffahrtsmuseum

Autor: Dr. Jutta Glüsing, Leiterin des Flensburger Schiffahrtsmuseums

Das Schiffahrtsmuseum ist in einem alten Zollpackhaus von 1842 direkt am Hafen untergebracht. Über 100 Jahre hatte dieses stattliche Gebäude als Speicher für unverzollte Waren gedient. 1980-83 von Grundauf saniert, wurde es 1984 offiziell als Schiffahrtsmuseum eröffnet.

Schiffbau und Schiffahrt sind hier bis ins Mittelalter zurückzuverfolgen. Im Verlauf der Jahrhunderte entwickelte sich insbesondere die Schiffahrt zu einem der wichtigsten Wirtschaftsfaktoren. Grundlegend war der Handel mit den skandinavischen Ländern; aber auch die später einsetzenden Fahrten ins Mittelmeer und nach Übersee brachten Wohlstand für die Stadt.

Schiffbrücke 39 · 24939 Flensburg
Fon: +49 (0) 85 29 70
Fax: +49 (0) 85 16 65
email: schifffahrtsmuseum@flensburg.de
Öffnungszeiten:
Di-So 10-17 Uhr (April-Oktober)
Di-So 10-16 Uhr (November-März)

Diesen maritimen Teil der Flensburger Stadtgeschichte lernt der Besucher auf seinem Rundgang durch unser Museum kennen. Die vielen Schiffporträts und Schiffsmodelle, die Käpitänbilder, aber auch die Navigationsinstrumente sowie Seekarten vermitteln ein schillerndes Bild der Seefahrt von einst. Besonders wertvoll ist der sogenannte "Silberschatz des Flensburger Schiffergelags" - von der alten ehrwürdigen Vereinigung der Flensburger Kapitäne zur Verfügung gestellt.
Originale Gallionsfiguren, Schiffsglocken und Anker; ebenso das Steuerrad des legendären Fördedampfers ERNST GÜNTHER von 1885.

Das in Deutschland einmalige **Rum-Museum** wurde 1993 als neue Abteilung des Schiffahrtsmuseums eröffnet.
Die Geschichte der Flensburger Rumfirmen ist auf das engste mit der 1755 einsetzenden Westindienfahrt verbunden. Damals verließ die "Neptunus" als erstes Flensburger Segelschiff den Hafen mit Kurs auf Dänisch-Westindien und niemand ahnte, daß mit diesem exotischen Abenteuer Flensburgs Ruhm als Rumstadt seinen Anfang nehmen sollte.
Das ganze "Drumherum" um den Rum erfährt man hier, von geheimen Rezepturen bis zur Verkostung bei interssanten Sonderführungen.

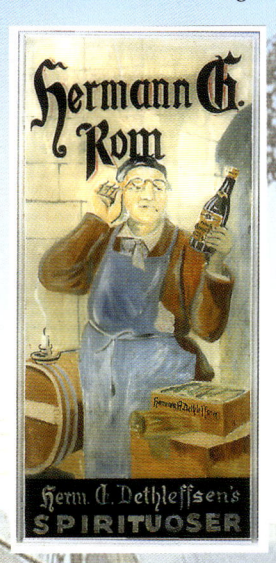

Der Museumshafen Flensburg

... vom gleichnamigen Verein 1979 gegründet, liegt in unmittelbarer Nachbarschaft des Schiffahrtsmuseums. Ziel dieser Privatinitiative ist die "Wiederherstellung und Infahrthaltung traditioneller Segelschiffe und anderer historischer Wasserfahrzeuge". Neben den ca. 20 Liegeplätzen am Bollwerk steht der wiedererrichtete "Flensburger Krahn von 1726".

Die Museumswerft

... etablierte sich 1996 als Bindeglied zwischen Schiffahrtsmuseum und Museumshafen. Auf dem Werftgelände werden mit authentischen Gerätschaften, Werkzeugen und traditionellen Arbeitsmethoden regionaltypische historische Segelschiffe, offenen Arbeitsboote und Kähne repariert, restauriert und Nachbauten im Maßstab 1:1 vorgenommen.

Flensburger Dampf Rundum

Das historische Dampfspektakel!
Alle zwei Jahre im Juni geben sich die dicken Dampfer ein ganz besonderes Stelldichein. Große Dampf-Eisbrecher, kleine Passagierdampfer und flinke Barkassen "tuuuten" um die Wette. Das internationale Dampfertreffen wird veranstaltet vom Verein "Salondampfer Alexandra", dem letzten deutschen seegehenden Passagierdampfer von 1908 mit ständigem Liegeplatz in Flensburg.

Förderverein Flensburg Regional Marketing

Seit mehr als 10 Jahren engagiert sich der Förderverein Flensburg Regional Marketing – kurz FFRM – für Flensburg und die Region bis nach Dänemark hinein.

Ziel des ehrenamtlichen Vereins ist die Steigerung der Attraktivität und damit der Wirtschaftskraft durch Projekte, die Menschen neugierig auf den hohen Norden machen.

Die Palette dieser Projekte reicht von dem ersten deutsch-dänischen Marathon YOU!MM bis zum Festival „Folk Baltica" in welchem Musikgruppen aus dem skandinavischen Raum die Zuhörer begeistern.

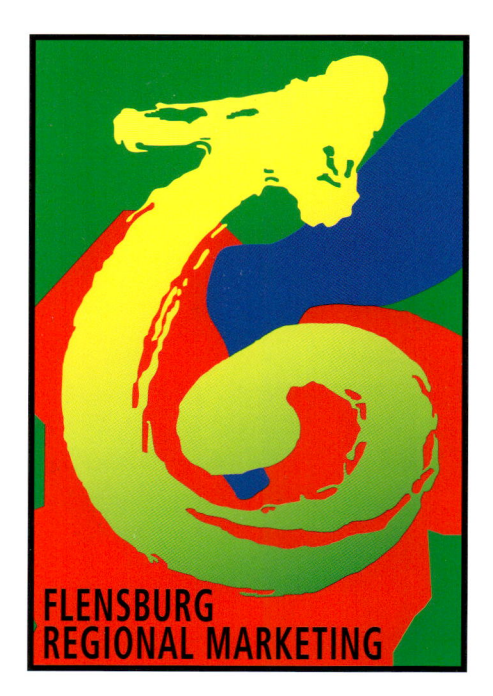

Wir nutzen die Beiträge unserer rund 70 Mitgliedern aus allen Sparten der Wirtschaft, um schnell und unbürokratisch Ideen aufzugreifen, die unser Know-how und unsere Kontakte brauchen, um für die Region wirksam werden zu können. Hierbei agieren wir als Anschieber, Unterstützer, Ideengeber und Umsetzer.

Unterstützen Sie uns und damit die Region, die 360° um die Flensburger Förde gute Ideen und kompetente Umsetzer braucht.

Weitere Informationen finden Sie im Internet unter www.ffrm.net.

Förderverein Flensburg
Regional Marketing
Rote Straße 17c
24937 Flensburg
Telefon: 0700 - 04 61-33 76
Telefax: 0700 - 04 61-33 76

www.ffrm.net

WIR SETZEN ZEICHEN

AFAG Allgemeine Flensburger Autobusgesellschaft GmbH & Co. KG · Agentur help GmbH · Arbeitskreis Unternehmerinnen e.V. · Bäcker Meesenburg GmbH · Bahnsen & Vollers Steuerberater · Bauplan Nord GmbH & Co. KG · Bayerische Hypo- und Vereinsbank AG · Braasch Werbung · Bücher Rüffer und Westphalen GmbH & Co. KG · Bund der Selbständigen: Kreisverband Flensburg Stadt und Land · Creditreform Flensburg Hanisch KG · Design-Werkstatt Betina Borgwardt · Deutsches Haus Veranstaltungsstätten GmbH · Herr Michael Diedolph c/o Barmer Ersatzkasse · FFG Flensburger Fahrzeugbau Gesellschaft mbH · Flensburger Brauerei Emil Petersen GmbH & Co. KG · Flensburger Kühl- und Lagerhaus H. Redlefsen GmbH & Co. KG · Flensburger Sparkasse · Flensburg Tourismus und Stadtmarketing GmbH · Herr Hans Jürgen Frahm · Frau Dr. Jutta Glüsing · Heiner Hinz Herrenausstatter · Hinrichsen Elektroanlagen GmbH · Hoeck & Schlüter Rechtsanwälte und Notare · Herr Dr. med. Dietmar Höhne Facharzt für Psychotherapie/Medizin · H.P.O. Wirtschaftspartner Hansen, Heuser, Petersen, Ohlsen Steuerberater Unternehmensberater Steuerberatungsgesellschaft in Partnerschaft · Industrie- und Handelskammer zu Flensburg · innen-architektur Doris Martschke und Gernot Brodthage · Intersport Hans Jürgensen GmbH & Co. KG · Jensen & Emmerich Rechtsanwälte · Herr Dr. med. dent. Otto Jeschonnek · Jessen & Christiansen GmbH · -Die Maler- · J.O.S.S. Verwaltungsgesellschaft m.b.H · Klaus + Co. Mercedes-Benz Vertreter der DaimlerChrysler AG · Frau Dr. Gabriele Kötschau · Firma Dr. Kruse, Hansen & Sielaff Rechtsanwälte und Notare · Kunst & Co. Verein zur Förderung der Kunst e.V. · Kunsthandlung Messerschmidt · Herr Ulrich Lagerpusch · Herr Hans Ruprecht Leiß · Leupelt KG · Logo tape GmbH & Co. KG · M.B.W. Vertriebsgesellschaft mbH · H.-J. Methmann & J.W. Hansen Steuerberatungsgesellschaft mbH · Merlin GmbH & Co. KG · Mürwiker Werkstätten GmbH · Nielsen Wiebe & Partner Wirtschaftsprüfer, vereidigte Buchprüfer, Steuerberater, Rechtsanwältin · Nord-Ostsee Sparkasse · Herr Werner Pieper · PROLOGIS Unterneh-mensberatung · Rainer Prüss Wirtschafts- und Kulturkonzepte GmbH & CO. KG · Queisser Pharma GmbH & Co. · RaumSystem Herbert Christensen GmbH · RIMC Hotelbetriebsgesellschaft mbH Strandhotel Glücksburg · Frau Brita Schmitz-Hübsch · Firma TT projektentwicklung & consulting GmbH · ttp Thyen, Theilen & Partner AG · Steuerberatungsgesellschaft US Consult · Verein zur Förderung des Flensburger Schiffahrtsmuseums e.V. · Verlagskontor Horst Dieter Adler · Versatel Nord-Deutschland GmbH · VR Bank Flensburg-Schleswig e.G. · Herr Dr. med. Enno Warncke · Eheleute Wiebke u. Lewe T. Volquardsen · Wirtschaftjunioren Flensburg · Wolfgang Hansen GmbH & Co. · Zippel´s Läuferwelt Sportartikel GmbH Flensburg

DIAKO

Ev.-Luth. Diakonissenanstalt zu Flensburg

Ihr Krankenhaus

im Norden

**Knuthstraße 1
24939 Flensburg
Tel.: 0461-812-0
Fax: 0461-812-2023**

Nur 5 Minuten von der Hafenspitze

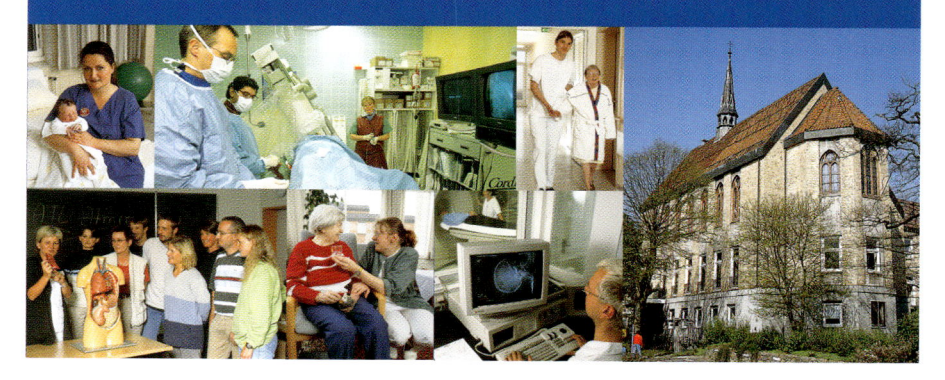

Für die Seele – für die Sinne:
Willkommen in den Kirchen unserer Region

In den Kirchengemeinden der Region Schleswig-Flensburg ist was los in diesem Sommer! Wir laden Sie ein zu zahlreichen Konzerten, zu Veranstaltungen für Kinder, zu besonderen Gottesdiensten – und auch zu Besichtigungen unserer Kirchen mit ihren wertvollen Kunstschätzen.

Zwischen Schlei, Schleswig, Flensburger Förde und Flensburg finden Sie zahlreiche Gotteshäuser, von denen ein Großteil im Mittelalter entstand, zum größten Teil bereits im 12. und 13. Jahrhundert. Kaum eine andere deutsche Landschaft hat eine derartige Menge romanischer Bauwerke aufzuweisen.

Der eigentliche Schatz jedoch sind die Menschen, die diese Kirchen und die Gemeinden mit Leben erfüllen:

Unsere Kirchengemeinden feiern den Sommer auf vielfältige Weise: Es gibt Konzerte mit einheimischen Musikern und mit Gastinterpreten für jeden Geschmack.

An vielen Orten werden auch Kirchenführungen angeboten - fast überall können Sie sich einen Schlüssel zur eigenen Erkundung der Kirchenräume holen oder finden die Kirche offen. Für Kinder und Familien gibt es Gute-Nacht-Geschichten, Familiengottesdienste und andere Unternehmungen. Viele Gemeinden nutzen den Sommer, um unter freiem Himmel an ungewöhnlichen Orten Gottesdienste zu feiern.

Lassen Sie sich mit hineinnehmen in die Freude, die wir hier an Gottes schöner Schöpfung haben – feiern Sie den Sommer mit uns!

www.kirchenkreis-angeln.de   www.kirchenkreis-schleswig.de   www.kirchenkreis-flensburg.de

Angeln
Ev.-luth. Kirchenkreis

Wir laden Sie ein

...in die **Kirchen** im Raum
Schleswig-Flensburg

www.kirchenkreis-angeln.de
www.kirchenkreis-flensburg.de
www.kirchenkreis-schleswig.de

Ev.-Luth. Kirchenkreis Flensburg

KIRCHENKREIS
Schleswig

Auszug aus dem Veranstaltungsangebot der Gemeinden in den Kirchenkreisen Angeln, Schleswig und Flensburg:

Sommerkonzerte im Dom zu Schleswig

Mi, 22. Juni 2005, 20:00 Uhr	ERÖFFNUNGSKONZERT der Sommerkonzerte 2005
Mi, 20. Juli 2005, 20:00 Uhr	ORGEL UND TROMPETE „Amis du Baroque" Händel, Telemann, Torelli, Bach u.a.
Mi, 31. August 2005, 20:00 Uhr	ABSCHLUSSKONZERT der Sommerkonzerte 2005 ORGEL UND ALPHÖRNER

Sommerkirche in Angeln

Di, 19. Juli, 4.00 Uhr	Kirchengemeinde Gelting: Birkwanderung Treffpunkt: Parkplatz an der Mühle Charlotte
Fr, 29. Juli, 20.00 Uhr	St. Andreaskirche Brodersby 6. Sommerkonzert des Brodersbyer Konzertsommers
So, 14. August, 15.00 Uhr	Marienkirche, Rabenkirchen Ausstellungseröffnung: „Mit Kunst zu neuem Klang" Künstler der Region unterstützen das Glockenprojekt in Rabenkirchen,

Kirche in Flensburg

Jeden Donnerstag, 18.00 Uhr	Gregorianische Vesper in St. Nikolai
So, 7.08.05, 18.00 Uhr	Trompete & Orgel - Konzert im Rahmen des Festivals Sønderjylland-Schleswig in der Christuskirche Mürwik
ab Sa, 16.07.05, 11.00 Uhr jeden Samstag bis 3. 09.05	Orgelmusik zur Marktzeit, Nikolaikirche im Anschluss Turmführung ab 12.00 Uhr

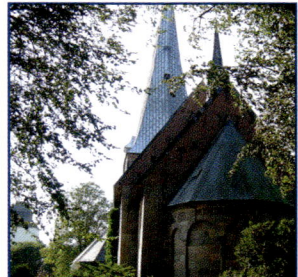

Bildmaterial: Fuhrmann, Hegeholz

Museen und Theater

Kobbermolle Museum
Kupfermühle, 24955 Harrislee
Tel. 0461-7935 Fax 0461-7935

Mühle Hoffnung
24960 Munkbrarup
Tel. 04631-2500

Naturwissentschaftliches Museum Flensburg
Museumsberg 1,
24937 Flensburg
Tel. 0461-85-2317
Fax 0461-85-2159
Di-So 10-17 Uhr (Apr-Okt)
Di-So 10-16 Uhr (Nov-Mär)

Schiffahrtsmuseum Flensburg
Schiffbrücke 39, 24939 Flensburg
Tel. 0461-85-2970 Fax 0461-85-1665
Di-So 10-17 Uhr (Apr.-Okt.),
So 10-16 Uhr (Nov.-März)

Museumsberg Flensburg
Museumsberg 1, 24937 Flensburg
Tel. 0461-85-2956
Fax 0461-85-2993
Di-So 10-17 Uhr (Apr-Okt)
Di-So 10-16 Uhr (Nov-Mär)

Phänomenta
Norderstraße 157-161, 24939 Flensburg
Tel. 0461-14449-0 Fax 0461-14449-20
Mo-Fr 9-16.30 Uhr, Sa 14-18 Uhr,
So 10-17 Uhr

Handweberei Annedore Iwersen
Alt-Fruerlundhof 2, 24943 Flensburg
Tel. 0461-39810

Niederdeutsche Bühne
Augusta Straße 3-5, 24937 Flensburg
Tel. 0461-13790

Schleswig-Holsteinisches Landestheater und Sinfonieorchester
Rathausstraße 22, 24937 Flensburg
Tel. 0461/9670-0

Theaterwerkstatt Pilkentafel
Pilkentafel 2, 24937 Flensburg
Tel. 0461/24901 oder 0461/182841

Orpheus
Schiffbrücke 22, 24939 Flensburg
Tel. 0461-13737

museumsberg flensburg

99

Hoch über der Stadt erhebt sich der Museumsberg Flensburg. Eingebettet in eine historische Parklandschaft bilden das Heinrich-Sauermann-Haus und das Hans-Christiansen-Haus eines der größten Museen Schleswig-Holsteins. 1876 von dem Möbelfabrikanten Heinrich Sauermann gegründet, erhalten Besucher heute einen umfassenden Einblick in die Kunst- und Kulturgeschichte des Landesteils Schleswig. Herausragende Schwerpunkte sind die umfangreiche Möbelsammlung, originale Bauernstuben, die einzigartige Sammlung schleswig-holsteinischer Malerei des 19. Jh. und die Jugendstilabteilung mit Werken des in Flensburg geborenen Künstlers Hans Christiansen. Einen Höhepunkt bildet die Kunst des Expressionismus mit Werken namhafter Künstler wie Erich Heckel, Ernst Barlach und Emil Nolde. Sonderausstellungen ergänzen die ständige Sammlung.

Museumsberg 1 · 24937 Flensburg · Tel. 0461/85-29 56 Fax 0461/85-2993

TANGO ARGENTINO MIT TANGONIDO

EINZELUNTERRICHT
GRUPPENUNTERRICHT
WORKSHOPS

ANGEBOTE 2005

DIE SINNLICHSTE FORM DER ZWEISAMKEIT

LASSEN SIE SICH VERZAUBERN VON DER SCHWERELOSEN MELANCHOLIE

UND DEN HINREISSENDEN RHYTHMEN DES ARGENTINISCHEN TANGOS,

GEBEN SIE IHREN GEFÜHLEN MUSIKALISCHEN RAUM,

UND LÖSEN SIE SICH VON ALLTAGSSTRESS UND ANSPANNUNG.

FÜR TRAUM- UND ANDERE TÄNZER

INFORMATION UND ANMELDUNG:
DOBRI GJURKOV: 0 46 34/93 69 28 :: DGD-GOTAN@T-ONLINE.DE :: 0171/68 64 378
NINA MERTENS: 04 61/500 88 44 :: NINA_MERTENS@YAHOO.DE :: 0160/84 42 792

Discotheken in Flensburg

MAXdisco und Veranstaltungszentrum
Schiffbrücke 50, 24939 Flensburg
Telefon: (04 61) 4 93 53 00
Lemon
Norderfischerstr. 4, 24939 Flensburg
Tel. 0461-29955
Drumcode X
Mürwiker Strasse 209, 24944 Flensburg
Fun & Lollipop
Citti Park, 24941 Flensburg
Greatbar
Große Str. 10 im Gewölbekeller, 24937 Flensburg
Tel. 461/1824311
Kühlhaus
Mühlendamm 25, 24937 Flensburg
Tel.: 0461/29866
Kult Kaffeebar
Schiffbrücke 35, 24939 Flensburg
Tel: 0461/1506815

Liquid
Schiffbrückstr. 50, 24937 Flensburg
Orange
Schiffbrücke 9, 24939 Flensburg
Tel. (0461) - 1824463
Rockpalast Speicher
Schiffbrücke 32c, 24939 Flensburg
Tel. 0461/1826112
Roxy Music-Hal
Norderstr. 45, 24939 Flensburg
Sasa
Norderhofenden 2, Flensburg
Volksbad
Schiffbrücke 17, 24939 Flensburg
Tel: 0461/20478
Fantasy
Gutenbergring 2 Gewerbegebiet
24963 Tarp
Tel.: 04638/210057

Kino's

Palast Theater
Adelbyerkirchweg 1
24943 Flensburg
Tel.: 0461-23666

KINOPOLIS Flensburg
Süderhofenden 14
24937 Flensburg
Tel.: 0461-70703

51 Stufen - Kino im deutschen Haus
Friedrich-Ebert-Straße 7
24937 Flensburg
Tel.: 0461-12555

25 Jahre Flensburger Stadtbläser
1979 — 2004

Musik für alle Gelegenheiten:
Vom Musical bis zur
modernen Blasmusik!
Proben: Musikschule Flensburg,
Marienkirchhof,
Montags von 19.15 Uhr - 21.30 Uhr

www.flensburger-stadtblaeser.de

Jetzt schau sich das einer an...
...aber mehr sieht man zu dritt!

Anfassen erlaubt, ausprobieren erwünscht – erleben Sie die Phänomenta in Flensburg mit allen Sinnen. 150 Experimentierstationen, wie Klick-Klack, Ionenorgel und Spiegelflieger, begeistern Jung und Alt.

Eine spannende Mitmachausstellung, die die ganze Familie einlädt zu einer Reise in die Naturwissenschaft und Technik. Tasten, Fühlen, Hören, Sehen, Schwingen, Springen, Sprechen...

Phänomenta verblüfft, verwundert, fasziniert.

Science-Center Schleswig-Holstein

PHÄNOMENTA

Norderstraße 157-163 / Nordertor
24939 Flensburg
(0461) 144490, täglich geöffnet

Programm

Juni - August
Wasservergnügen

28. Juli 2005
Hofkultur und **Lange Nacht der Phänomenta**

10. August 05
Hofkultur

03. / 04. September 05
Happy Birthday Phänomenta!
Großes Geburtstagsprogramm

22. Oktober 05
Offene Bühne für Jedermann

- **tägliche Workshops** in den Ferien
- jeden 1. Sonntag im Monat
  Pfiff am Sonntag

Aktuelle Termine unter
www.phaenomenta.com

Veranstaltungstipps

06.-08. Mai	Rumregatta 25 Jahre
10.-12. Juni	Robbe & Berking Classics
09.-17. Juni	8mR Europameisterschaften
08.-10. Juli	Dampf-Rundum
09.Juli-28. August	Schleswig-Holstein Musikfestival
15. Juli- 14. August	Flensburger Hofkultur
12.-14. August	Tummelum
20. August	2. WJ Drachenboot Cup
27. August	1. Flensburger City Triathlon
28. August	YOU:MM, 2. European Minority Marathon
Ende August	City Geburtstag
03. September	Honky Tonk, Kneipenfestival
02. Oktober	Sonntags-Shopping
11. November	Spectaculum, Akrobatik, Show & Dance

Die Flensburger Reederei Ernst Jacob –
der Tanker-Spezialist aus Flensburg!

Die Reederei Jacob, die in diesem Jahr ihr 50-jähriges Bestehen feiert, zeichnet sich durch ein konsequentes Managementsystem und die hohe Qualität im gesamten Leistungsspektrum am internationalem Markt aus.

Durch die Zertifizierung durch German Lloyd (ISO 9001: 2000) und die Umsetzung der hohen Vorgaben des ISM-Code ist das Unternehmen den künftigen Anforderungen bestens gewachsen.

Hochqualifiziertes Personal an Land ebenso wie auf den Schiffen, ist Garant für die Sicherheit auf See und die Schonung und Erhaltung der Umwelt.

Die Reederei Jacob wird noch in diesem Sommer die Tankerriesen "OLIVER JACOB" und "MAX JACOB" umflaggen. Beide Schiffe fahren dann wieder mit einem deutschen Kapitän unter schwarz/rot/gold. Damit löst das Unternehmen ein Versprechen ein, das die deutschen Reeder Bundeskanzler Gerhard Schröder auf dem Schifffahrtstag in Lübeck gegeben haben.

"OLIVER JACOB" und "MAX JACOB" sind Schwesterschiffe, die überwiegend in der Fahrt zwischen dem afrikanischen und dem amerikanischen Kontinent im Atlantik eingesetzt werden. Die beiden modernen Doppelhüllentanker wurden 1999 und 2000 in Korea gebaut.

Die Tankerriesen sind 274 Meter lang 48 Meter breit und 19 Meter tief.

Leider sind diese Ozeanriesen eine Nummer zu groß für die Flensburger Förde und in den Wettausgang, ob oder ob nicht die Tanker die Holnisenge runden könnten, wird im Hause der Reederei glücklicherweise kein sportlicher Ehrgeiz gelegt.

Reederei Ernst Jacob
Süderhofenden 12 · 24937 Flensburg Fon: +49 (0) 461-8604-0 · Fax: +49 (0) 461-8604-66
www.ernstjacob.de

Charterangebote

1. TW Nautic GmbH & Co.KG, Marina Werftkontor, seit 2002, Tel.: +49 (0) 46 21-3 67 99
4 Mitarbeiter, 14 Yachten - Direktanbieter über So Long und PCO

Segelyachten	Bj.	Lüa	Kj.	NS	HS
Degerö 28 MS	98	8,45	3+2	845/1020	1160
Degerö 31 DS	01+02	9,30	3+2	985/1280	1380
Degerö 33 S	98	9,94	4+2	1260/1410	1510
Degerö 35 S	91	10,85	4+2	1310/1460	1670
Elan 295	99	9,20	4+2	845/1020	1160
Elan 333	99	10,45	4+2	1210/1360	1510
Elan 36	97	10,94	6	1510/1660	1810
Elan 38	97	11,95	7+2	1670/1770	1970
Elan 45	00	13,70	8+1	2180/2710	2890
Elan 45	00	13,70	8+1	2180/2710	2890
Dufour 32	00	9,64	4+2	1210/1360	1510

2. Rainer Kösling Yachten-Stützpunkt, Flensburger Yacht-Service am Industriehafen
ab 2/2002, 5 Mitarbeiter, 16 Yachten - Direktanbieter, Tel.: +49 (0) 461-1 68 92-0

Yachten	Bj.	Lüa	Kj.	Ab	Bis
Sun Odyssey 29.2	02	8,80	4	548	1.096
Feeling 30	03	9,10	4	573	1.146
Sun Fast 32i	02	9,60	4+2	723	1.446
Feeling 32	03	9,95	4+1	723	1.446
Sun Odyssey 34.2	01	10,30	6+2	798	1.596
Sun Odyssey 34.2	01	10,30	6+2	798	1.596
Sun Fast 37	01	11,40	6+2	948	1.896
Sun Fast 37	02	11,40	6+2	948	1.896
Sun Fast 37	03	11,40	6+2	948	1.896
J109	03	10,85	4+2	1.148	2.296
Hunter 380	00	11,35	6+2	923	1.846
Sun Odyssey 40	02	12,20	6+2	1.148	2.296
Sun Odyssey 43	02	13,21	8+2	1.398	2.796
Sun Odyssey 43DS	01	13,21	6+1	1.448	2.896
Oceanis 44cc	00	13,20	6	1.448	2.896
Feeling 44	03	14,00	8+2	1.448	2.896

3. FAPO-Sailing AG - Flensburger Stadthafen seit 1993,
3 Mitarbeiter, 4 Yachten/2 Motorboote und Jollen, Tel.: +49 (0) 461-132 00

Yachten	Bj.	Lüa	Kj.	NS	HS
Gib Sea 126	89	13,70	8	1990	2290
Elan 333	01	10,45	4	1360	1510
Etap 26 i	99	8,25	4	850	900
Jollen	95	6,25		85 pro Tag	

Motorboote					
Elan 22 F1	00	6,50	2	650	790
Elan GT F	01	4,95		120 pro Tag	

4. Niro Petersen Yachthafen, seit 1996, Tel.: +49 (0) 461-4 25 00
Yachtcharter Schlegelmilch, Tel.: +49 (0) 461-47 05 55   Yachtcharter Mola

Yachten	Lüa
Leisure 27	8,30
Granada 31	9,30
Gib Sea 1010	10,10
Bavaria 320	9,95
Greyhound 33	10,45

Yachten	Lüa
Sun Odysse 29.2	8,80
Hanse 331	9,45
Bavaria 31 (2x)	9,50
Bavaria 34	10,60
Bavaria 35	10,80
Bavaria 36	11,50
Bavaria 37	11,50

Spaß am Segeln
Mehr 806er für die Förde

Verkauf Charter Beratung

806er Office

Moltkestr. 26
24937 Flensburg
www.806er.de
mail@806er.de
Tel. 0461/56659
Fax 0461/59941

Wir haben noch viel vor !

Yachtsegel
Sprayhoods
Persenning
Rollreffanlagen
Segelüberholung
Service und
Beratung

OLEU SEGEL

Galwikbucht
Brauereiweg 16
24937 Flensburg
Telefon:
+49(0)461-4 35 34
Fax:
+49(0)461-4 35 54

OLEU-Segel-Nickels@T-online.de

⑧ Yachthafen Galwikbucht – Wassersportverein Galwik e. V.

54°, 48,13' N, 9,25°, 90' E
Alter Kupfermühlenweg 72d, 24939 Flensburg,
Tel.: +49 (0) 461/4 35 55

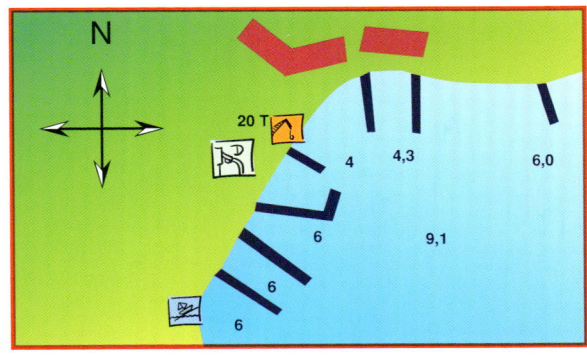

Der Vereinshafen liegt in unmittelbarer Nachbarschaft zum Firmenhafen von NIRO-Petersen und in direkter Nähe zur Innenstadt.

Direkt auf dem Gelände befinden sich ein Klubhaus, Toiletten, ein Mastenlager, Bootsschuppen, sowie eine neue Krananlage (bis ca. 10t). Zwei moderne Bootsstege bieten Liegeplätze für ca. 80 Boote bis zu einer Länge von 15 m. In dieser Anlage ist ein Riggermast für max. 250 kg Hubgewicht integriert. Für seine besonderen Leistungen im Umweltschutz wurde der WVG in den vergangenen Jahren mehrfach ausgezeichnet. Nutzen Sie auch das Streckennetz der Aktiv Bus GmbH und AFAG (S. 77). Die Busse fahren fast rund um die Uhr und Haltestellen befinden sich in Ihrer Nähe.

Foto: Bernt Hoffmann

⑤ Yachthafen Gallwikbucht – Niro Petersen

54°,48,13' N, 9°, 25,7' E
Brauereiweg 16, 24939 Flensburg,
Tel.: +49 (0) 461/4 70 02 70, Fax: +49 (0) 461/4 40 44

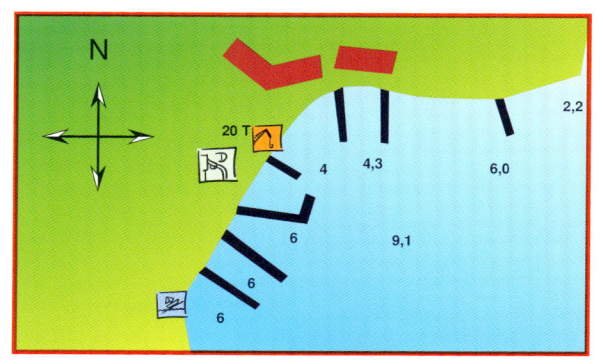

Der Firmenhafen von Niro Petersen bietet nach Absprache, am Nordwestufer der Flensburger Förde Plätze für Gäste an, wenn die Liegeplatzinhaber nicht da sind. Service Center und Ausrüstungsshop befinden sich direkt am Hafen.

Kinderspielplatz, Minigolf und ein sehr schöner Badestrand befinden sich in unmittelbarer Nähe.

4 km bis zur Innenstadt, 2 km nach Dänemark. Nutzen Sie auch das Streckennetz der Aktiv Bus GmbH und AFAG (S. 77). Die Busse fahren fast rund um die Uhr und Haltestellen befinden sich in Ihrer Nähe.

Foto: Bernt Hoffmann

Sonnenbrillen von:
CHANEL
NORTH SAILS
NIKE
FOSSIL
HUMPHREYS
PRADA
CK

[**Sonnenschutzgläser**
UV 400
in Ihrer Gläserstärke*
ab 24,90 €
pro Paar
*sph. -+6,0, cyl +2,0 dpt]

[Jubiläumsausgabe von Steiner
COMMANDER
nur 799 €]

OPTIK GLOYER
Angelburger Straße 6 · 24937 Flensburg
Tel.: +49(0)461-22324

Mercure
ACCOR hotels

FLENSBURG
★ ★ ★

Genießen Sie den Service, erleben Sie die Individualität unseres Hauses, lernen Sie unsere Mercure-Philosophie schätzen!

Wir heißen Sie herzlich Willkommen.

ACCOR

Norderhofenden 6-9
24937 Flensburg
Tel.: + 49 (0) 461-84 11-0
Fax: + 49 (0) 461-84 11-299
E-Mail: h2825-RE@accor.com
www.mercure.com
www.accorhotels.com

⑩ Flensburger Gästehafen
54°,48,1' N, 9°, 25,8' E
Am Kanalschuppen 6, 24937 Flensburg,
Tel.: +49 (0) 461/1 74 99, Fax: +49 (0) 461/1 82 84 26

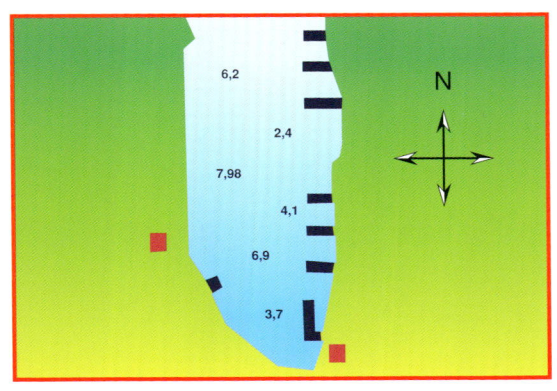

... Gästeplätze in zentraler Lage der Flensburger City! Die Liegeplätze (freie Boxen gekennzeichnet durch grüne Schilder, Absprache mit dem Hafenmeister) findet man an Backbord kurz vor dem Ende der Flensburger Förde. Wassertiefe zwischen drei und sieben Metern. Stege nachts gut beleuchtet. Direkt am Hafen Restaurants, Fischspezialitäten, Weincontor, Bars, Discotheken, sanitäre Einrichtungen und das Büro des Hafenmeisters. Frühstücksmöglichkeit z. B. im Restaurant "Bellevue" - (Tel.: +49 (0) 461/180740). Alle Versorgungsmöglichkeiten durch unmittelbare Nähe zur Innenstadt - dadurch aber auch nicht der stillste Yachthafen in der Förde. Nutzen Sie auch das Streckennetz der Aktiv Bus GmbH und AFAG (S. 77).
Die Busse fahren fast rund um die Uhr und Haltestellen befinden sich in Ihrer Nähe.

Foto: Bernt Hoffmann

GALERIE AM HAFEN

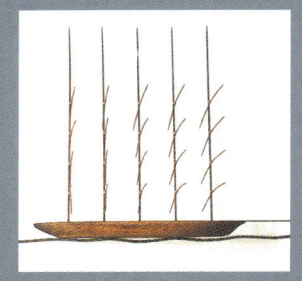

BILDER

OBJEKTE

SCHMUCK

WEIN

Genießen Sie Kunst und Wein im besonderen
Ambiente direkt am Yachthafen »Werftkontor«

Ballastkai 5 | 24937 Flensburg | Inh. Rita Krügel
Tel. 0461 4935101 | Fax. 0461 4935141
www.galerie-hafen.de | kunst@galerie-hafen.de
Öffnungszeiten: Mi–Fr 13–18 Uhr | Sa 11–16 Uhr

⑪ Yachthafen Werftkontor

54°,47,7' N, 9°, 26,2' E
Ballastkai 10 a, 24937 Flensburg,
Tel.: +49 (0) 461/160 54 04

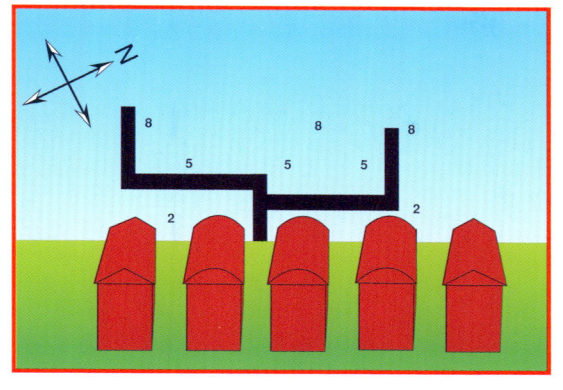

Dieser neue moderne Yachthafen wurde 2002 eröffnet. Direkt an der Innenspitze der Flensburger Förde gelegen, befinden Sie sich in unmittelbarer Nähe zur City und Altstadt.
Hier finden Sie gute Sanitäreinrichtungen, einen Reparaturservice, Ausrüstungsshop und hervorragende Restaurants. Nutzen Sie auch das Streckennetz der Aktiv Bus GmbH und AFAG (S. 77).
Die Busse fahren fast rund um die Uhr und Haltestellen befinden sich in Ihrer Nähe.

Foto: Bernt Hoffmann

12. Yachthafen Kielseng – Flensburger Yachtservice und Wassersportclub Flensburg e.V.

54°, 48,043' N, 9°, 26,413' E
Am Industriehafen 4, 24937 Flensburg

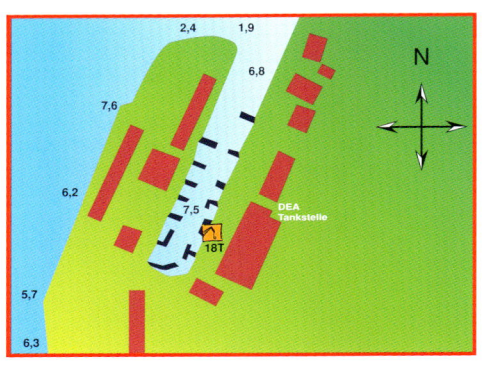

Flensburger Yachtservice:
Tel.: +49 (0) 461/1 77 27 16
Fax: +49 (0) 461/1 77 27 33

Wassersportclub Flensburg
Tel.: +49 (0) 461/2 16 31
Fax: +49 (0) 461/50 50 107

... ist eine Werft-Anlage mit geschützten, ruhigen Liegeplätzen am Ostufer Flensburgs. Plätze werden vom Hafenmeister zugewiesen. Der Hafen mit seiner Tiefe von 5 Metern ist auch für größere Yachten geeignet. Der Yachthafen wird zu 2/3 vom Wassersportclub Flensburg betrieben. In direkter Nachbarschaft zum Hafen befindet sich ein Zollanleger. Das Flensburger Stadtzentrum und damit alle Möglichkeiten zum Einkauf sind nur ca. zwei Kilometer entfernt, der sehenswerte Museumshafen am Westufer etwa 4 Kilometer. Nutzen Sie auch das Streckennetz der Aktiv Bus GmbH und AFAG (S. 77). Die Busse fahren fast rund um die Uhr und Haltestellen befinden sich in Ihrer Nähe.

Foto: Bernt Hoffmann

FLENSBURGER YACHT-SERVICE GmbH

- Grand Banks Motoryacht Vertretung

NAUTIK- SHOP mit großer Auswahl an Yacht- und Bootsausrüstung
- Segel- und Freizeitbekleidung von MUSTO, BMS, TBS, Gil und Henri Lloyd
- Yacht- und Bootsfarben, Lacke, Reinigungsmittel,
- Polyester-Epoxy-Harze

BOOTSWERFT für Instandsetzungen, Reparaturen und Installationen
- Bordelektrik und –elektronik
- Rollreffanlagen, Heizungen, Kühlaggregate, Propeller
- Bugschrauben

Yachthafen mit Liegeplätzen und Winterlager
- Motorenservice
- Kranen bis 20 t, Riggermast

Volvo Penta Vertragshändler

Wir freuen uns auf Ihren Besuch und beraten Sie gern und individuell.
Kostenlose Parkplätze direkt vor der Tür.

GB AUTHORIZED DEALER

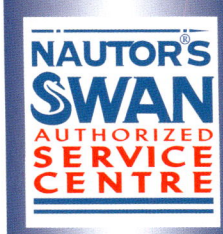

NAUTOR'S SWAN AUTHORIZED SERVICE CENTRE

FLENSBURGER YACHT-SERVICE GmbH

Am Industriehafen 4 ■ 24937 Flensburg
Tel: +49(0) 461- 1 77 270 ■ Fax: +49(0)4 61 – 1 77 27 33
info@fys.de ■ www.fys.de

⑬ SONWIK – Yachthafen

Sonwik Hafen GmbH & Co. KG
Friesische Str. 62 · 24937 Flensburg
Tel. 04 61-1 60 66 00 · Fax. 04 61-1 44 35 59
Hafenmanagement: Tel.: 04 61/31 34 734
Hafenmeister: 04 61/50 50 450
www.sonwik.de · info@sonwik.de

Darf's ein bisschen Meer sein?

Am Ostufer der Flensburger Förde liegt der denkmalgeschützte Marinestützpunkt, der in den maritimen Stadtteil „Sonwik" umgewandelt wird. Die ehemaligen Gebäude der Marine wurden zu Wohnungen und Gewerbeflächen umgebaut; außerdem entstand ein Sportboothafen. Eine begrünte Promenade entlang des Fördeufers lädt zum Spaziergang ein, anschließend kann man sich von den hier ansässigen Gastronomen verwöhnen lassen. So hat sich das Areal zu einem attraktiven Viertel in der Grenzstadt an der Förde entwickelt.

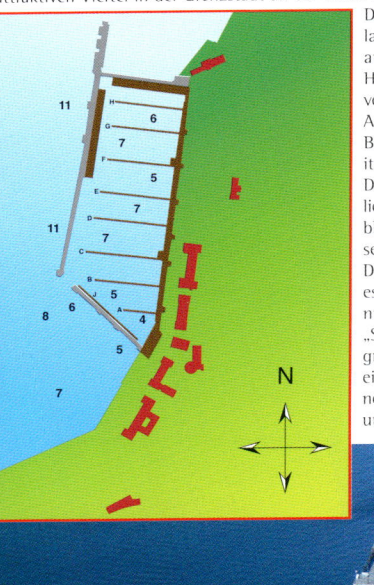

Die Full-Service-Marina mit 370 Liegeplätzen ist mit neuen Steganlagen und modernster Versorgungstechnik (wie WLan und Kabel TV) ausgestattet, sanitäre Einrichtungen liegen in unmittelbarer Nähe zur Hafenanlage. Ein umfangreiches Serviceangebot für Wassersportler vom Segelmacher, Yachtservice, bis zum Motorenservice ist vor Ort. Das Angebot im Umfeld der Marina reicht vom Kinderspielplatz über den Beach-Club mit Beach-Volleyball-Feld, bis hin zum Café und einem italienischen Feinschmeckerrestaurant.

Der Marina vorgelagert sind 20 „Wasserhäuser" mit eigenem Bootsliegeplatz, der Clou des Projektes. Die Eigentümer genießen Rund-umblick auf der Dachterrasse. Zukünftig wird es weiterhin Schwimmhäuser geben, die dann direkt an die Steganlagen gelegt werden.

Die sanierten Bestandsgebäude sind zum größten Teil bereits bezogen, es gibt aber noch ein interessantes Angebot an hochwertigen Wohnungen und Gewerbeflächen, die zur Verfügung stehen.

„Sonwik" lockt mit seiner grünen Promenade - die Förde im Vordergrund, die traditionsreichen Gebäude der Marine im Hintergrund - ein Besuch lohnt sich auf jeden Fall! Nutzen Sie auch das Streckennetz der Aktiv Bus GmbH und AFAG (S. 77). Die Busse fahren fast rund um die Uhr und Haltestellen befinden sich in Ihrer Nähe.

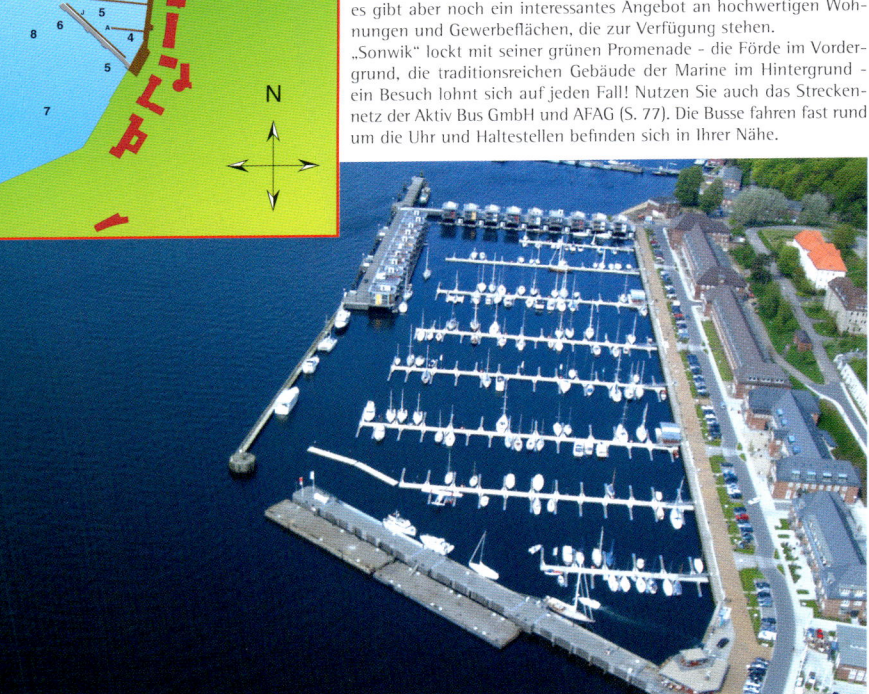

Sonwik - mein Heimathafen!

SONWIK

Gastlieger sind willkommen!

- exklusive Marina mit 5 m Hafentiefe
- gute Infrastruktur
- Service und Gastronomie vor Ort
- Wohnungen & Stadthäuser mit Fördeblick
- attraktive Büro- und Gewerbeflächen
- traumhafte Lage in Innenstadtnähe

www.sonwik.de

Informationen:
0461- 31 34 734

CLIPPER AVIATION

Faszination Wasserfliegen

Kommen Sie zu uns an Bord und lassen Sie sich von dem einmaligen Erlebnis eines Rundfluges direkt vom Wasser aus faszinieren! Das ist ein Flugabenteuer ganz besonderer Art.

Wo immer Sie auch bei uns Platz nehmen - hier haben Sie einen Logenplatz direkt am Himmel und einen fantastischen Panorama-Ausblick!

Beginnen werden wir mit einer beschaulichen Fahrt vorbei an der eindrucksvollen Szenerie eines Yachthafens direkt gelegen an der Flensburger Förde.

Fühlen Sie, wie das Flugzeug an Geschwindigkeit gewinnt, auf seiner Bugwelle reitet und sich mit sprühender Gischt aus dem Wasser erhebt.

Sie gleiten über grüne Küstenstreifen mit ihren wundervollen Sandstränden, ihren bunt zusammen gewürfelten Strandkörben und idyllisch gelegenen Marinas.

Unsere Piloten sind langjährige Berufspiloten, die ihre Leidenschaft nun ganz dem Wasserfliegen widmen und Kompetenz und Erfahrung in Ihre Dienste stellen.

Neben Rundflügen nach Ihrer Wunschvorgabe bieten wir auch Inselausflüge mit Pikknick und Badespaß. Gerne unterbreiten wir Ihnen unsere Flugroutenvorschläge und zeigen Ihnen Bekanntes und Unbekanntes einmal aus einer ganz anderen Perspektive.

Zu unserem besonderem Service gehören neben Regatta-Begleitflügen auch Firmen-Touren, die Ihren Geschäftspartner eindrukksvoll in Erinnerung bleiben werden.

Und suchen Sie einen Zubringer direkt zu Ihrer Yacht, Geschäftsbesprechung oder zum Abflugterminal in Hamburg, Kiel oder Lübeck, dann scheuen Sie sich nicht uns zu kontaktieren und unseren Service in Anspruch zu nehmen.

Natürlich stehen "wir" Ihnen auch als Geschenk der ganz besonderen Art zur Verfügung:
Schenken Sie Momente des Glücks -
Augenblicke der Begeisterung -
Stunden bleibender Erinnerung.

CLiPPER AVIATION GmbH

Heiko Harms
Becklück 3 · 24996 **Sterup**
Telefon: 04 61- 15 05 50
0160 - 96 83 65 79
hms@clipper-aviation.de
www.clipper-aviation.de

Seglervereinigung Flensburg e.V. (SVF) und Flensborg Yachtclub (FYC)

54°,49,6' N, 9°, 28,1' E
Fahrensodde, 24944 Flensburg,

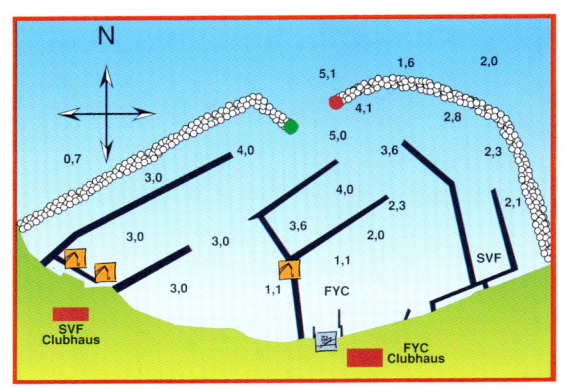

SVF: Tel. +49 (0)461/33 4 66
FYC: Tel. +49 (0)461/3 51 17

Dieser Yachthafen wird von zwei Vereinen betrieben und liegt vor der Stadt Flensburg am Ostufer der Förde. Benutzung der freien Liegeplätze, gekennzeichnet durch grüne Schilder, nach Absprache mit den zuständigen Hafenmeistern.
Der SVF hat sein Hafenbecken neu ausgebaggert. Alle Stege verfügen über einen Strom- und Wasseranschluß. Das große Sanitärgebäude steht nur Gastseglern zur Verfügung (Schlüssel bei Hafenmeister).
Ein Kran zum Kranen von Booten und ein Riggermast sind vorhanden, außerdem verfügen beide Clubs über eine Slipbahn. Im Hafen Fahrensodde ist es besonders ruhig. Die Hafeneinfahrt ist immer beleuchtet; Molenbefeuerung Rot und Grün. Beide Clubhäuser verfügen über einen Restaurantbetrieb und nach ca. 15 minütigem Fußweg finden Sie weitere Restaurationen. Südwestlich von der Hafenanlage berfindet sich ein feiner, neu aufgespülter und flach auslaufender Sandstrand, der besonders für Kleinkinder geeignet ist. Ebenso finden Sie einen Grillplatz und Kinderspielplatz vor.
Nutzen Sie auch das Streckennetz der Aktiv Bus GmbH (S. 77).
Haltestellen befinden sich in unmittelbarer Nähe des Yachthafens.

Foto: Barnt Hoffmann

360°

... rund um die Flensburger Förde
... omkring Flensborg Fjord

Glücksburg

Moin-Moin in Glücksburg

Glücksburg, seit 129 Jahren anerkanntes Seebad, ist die Urlaubsadresse im Norden Deutschlands. 20 km Strand und über 50 km ausgeschilderte Wanderwege warten da-rauf, erkundet zu werden. Ob Hotel, Pension, Ferienhaus, Appartement oder privates Zimmer - Glücksburg bietet für jeden Geldbeutel eine Unterkunft. Für Urlauber und Tagesgäste ist ein breites, gastronomisches Angebot vorhanden.

Schalten Sie ab, spannen Sie aus - in Glücksburg haben Sie alle Möglichkeiten dazu. Sei es im Meerwasserwellenbad, in den Saunen und Solarien, im REHA-Zentrum, beim Stadtbummel, beim Besuch des Rosariums, einem Vortrag im Planetarium der Menke-Sternwarte, einem Spaziergang durch den Energie-Erlebnispark Artefact, oder aber bei einer Führung durch das über 400 Jahre alte Wasserschloß Glücksburg.

Das Schloß Glücksburg

... ist Namensgeber für das Seeheilbad.
In der Zeit von 1582 bis 1587 wurde das Wasserschloß Glücksburg von Herzog Johann dem Jüngeren erbaut. Sein Wahlspruch „Gott gebe Glück mit Frieden" prangt heute noch deutlich sichtbar über dem Eingangsportal. Aus dem Schloß Glücksburg, der Wiege der europäischen Königshäuser, stammen gekrönte Häupter der Länder England, Dänemark, Norwegen und Griechenland. Das Schloß ist heute als Museum zu besichtigen.

Glücksburg – Natur erleben
in reiner Luft und sauberem Wasser

Mal raus, mal ausspannen, mal Zeit für die Kinder oder sich selbst haben. In Glücksburg, dem nördlichsten Ferien- und Kurgebiet Deutschlands an der Ostsee, ist Strand statt Stress angesagt. Und wer Natur mag, findet hier das jüngste Naturschutzgebiet Schleswig-Holsteins. Es ist etwa 400 ha groß und befindet sich auf der Halbinsel Holnis, inmitten der reizvollen Flensburger Förde.

Das Ostseeheilbad Glücksburg erfüllt zu jeder Jahreszeit als Ferienziel die Wünsche seiner Gäste. Ca. 200 Vermieter halten Unterkünfte vom Viersternehotel über Pensionen, Gästehäuser, Ferienwohnungen und Appartements bis hin zum privaten Zimmer bereit. Unter dem Motto „da bin ich Mensch, da mag ich sein" fühlen sich Kurgäste und Feriengäste gleichermaßen wohl. Spaß, Sport und Unterhaltung sowie kulinarische Genüsse gehören genauso zum Angebot wie Entspannen und Strandspaziergänge.

Wissens- und sehenswert in Glücksburg ist auch die größte Yachtschule Europas, die Hanseatische Yachtschule im Deutschen Hochseesportverband „Hansa".

Einmalig für Deutschland und den Norden Europas ist auch "Artefact", das Zentrum für angepaßte Technik und Entwicklungszusammenarbeit, das sich engagiert und tatkräftig für einen schonenden Umgang mit der Natur einsetzt. Mitarbeiter aus allen Ländern der Welt arbeiten und leben im "Artefact-Zentum" und entwickeln Techniken, die an die Kreisläufe der Natur angepaßt sind. Bauten aus Lehm, ökologisch bewirtschafteten Gärten, artgerechte Tierhaltung und einen Energiepark füe erneuerbare Energiequellen gibt es bei "Artefact" zu sehen.

Herzlich willkommen im Hotel Intermar

Direkt am weißen Ostseestrand gelegen, empfängt Sie unser eingespieltes Team guter Geister, um Sie höchstmöglich zu verwöhnen.

In den geschmackvoll eingerichteten Suiten und Hotelzimmern erwartet sie ein atemberaubender Blick auf die Flensburger Förde und in unseren Restaurants garantieren nationale und internationale Spezialitäten ein Gourmet-Erlebnis besonderer Art.

Aqua-Fitness und unsere Beauty Abteilung bieten Ihnen hier ein wunderbares Erholungs- und Wellnessprogramm, welches durch die individuelle und persönliche Betreuung seinesgleichen sucht.

Genießen Sie unsere Arrangements, wir freuen uns auf Sie …

2 ÜBERNACHTUNGEN
IM DOPPELZIMMER

Reichhaltiges Intermar-Frühstücksbüffet, ein Obstkorb zur Begrüßung auf dem Zimmer, am 1. Abend ein 3-gängiges Abendessen, am 2. Abend ein 4-gängiges Candle-Light-Dinner, sowie eine Überraschung des Hauses auf Ihrem Zimmer.

ARRANGEMENT IM
DOPPELZIMMER
PRO PERSON AB 200,00 €

INTERMAR
Förderstr. 2-4 · 24960 Glücksburg
Tel.: 0 46 31/490
Fax: 0 46 31/4 95 25
email: info@intermar.de
www.intermar.de
www.intermar.dk

Veranstaltungen in Glücksburg und Umgebung

11.06.2005	Spiel ohne Grenzen
12.06.2005	Europameisterschaft der 8mR-Klasse
14.06.2005	Nachtleuchtende Wolken - was ist das denn?
16.06.2005	Pokalschießen der Friedrichsgarde
24.06.2005	Frühwanderung Halbinsel Holnis
24.06.2005	Rees an Backbord
26.06.2005	artefact Sommerfest 2005
02.07.2005	Bridge-Rosen-Turnier
08.07.2005	19. Kunsthandwerker- und Kunstmarkt
11.07.2005	Ein Schloß für Kids
16.07.2005	Glücksburger Strandmeile
07.08.2005	Triathlon OSTSEEMAN 2005
19.08.2005	LebensArt Glücksburg Antikes und Schönes
01.09.2005	Bernstein - Bilder in der Orangerie
13.09.2005	95. Flensburger Fördewoche
28.11.2005	Glücksburger Weihnachtsmarkt

weitere Informationen:

Gästebetreuung
Tel. 01805-600770
Polizei
Collenburgerstr. 33
Tel. 04631- 6 02 30
Taxi
S. Paul
Tel. 04 61-30 03 Fax.04 61-62 20 20

Zahnarzt:
Dr. G. Martschke
Bahnhofstr. 1
Telefon: 04631/8677

Tierarzt:
Dr. med. vet. P. Warnecke
Collenburger Straße 21
Telefon: 04634/395

Ärzte:
Gemeinschaftspraxis
Dr. med. Latz, Dr. med. Sina,
Dr. med. Schmidt
Fachärzte für Allgemeinmedizin,
Kurarzt-Naturheiverfahren,
Sportmedizin
Bahnhofstraße 5,
Tel. 04 631-545

Dr. med. Uwe Painer
Facharzt für Allgemeinmedizin,
Kurarzt, Chirotherapie,
Naturheilverfahren
Rathausstraße 14
Tel. 04631/2364

Arztpraxis Jörg Schreiber
Arzt/Badearzt
Flandernweg 2
Tel. 04 631- 6 01 60

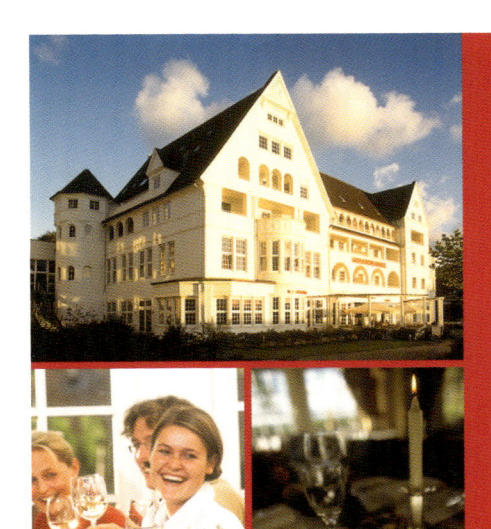

Ausgefallene Menüs, Leckereien von der Tageskarte und tolle Angebote bei unseren Wochenend- und Verwöhnarrangements.

„Das weiße Schloss am Meer" war schon zur Kaiserzeit eine feine Adresse für die Sommerfrische und stilvolle Feste ...mit Strand und Bootsanleger direkt vor der Tür!

STRANDHOTEL GLÜCKSBURG
Tel. 0 46 31 / 6 14 10
www.strandhotel-gluecksburg.de

Richtig segeln lernen ...

Die größte Segelschule Deutschlands

Die Hanseatische Yachtschule, gegründet 1925, ist die traditionsreichste und größte Segelschule Deutschlands. Die Segelkompetenz des Deutschen Hochseesportverbands „Hansa" e.V. wurde hier begründet.

Jährlich kommen rund 2.500 Seglerinnen und Segler aus Deutschland, aus Europa und sogar aus Übersee nach Glücksburg, um hier Segeln zu lernen.

Die Hanseatische Yachtschule gilt als die „Segelakademie" Deutschlands. Bei allen hohen Anforderungen an die Qualität der Segelausbildung gilt hier das Motto: Segeln ist Teamwork – Segeln soll Spaß machen und am meisten lernt, wer gern lernt!

Die Hanseatische Yachtschule bietet ein breites Spektrum der Segelausbildung von der Jolle bis zum Dickschiff, vom Optikurs für die Jüngsten bis zum Spezialtraining für Charterskipper. Für die Segelkurse stehen Piratenjollen, Gleitjollen Laser 2000, Nordische Folkeboote, J-80 und Jugendkutter zur Verfügung. Die Törns mit Yachten von 38 bis 61 Fuß führen von Glücksburg aus über Ost- und Nordsee nach Skandinavien, England, Frankreich bis nach Übersee in die Karibik.

Das Projekt „Sail Atlantic" läuft ganzjährig mit der Umrundung des Nordatlantiks, darunter Höhepunkten wie die Regatten „ARC-Race" und „Antigua Sailing Week" in tropischen Gewässern sowie Wintersegelangeboten auf den Kanaren und in der Karibik.

Das Angebot auf einen Blick:
- Jugendlehrgänge auf verschiedenen Jollentypen
- Schulklassensegeln und Betriebssportgruppen
- Kurse für alle amtlichen Segelscheine, Scheine des DSV in Theorie und Praxis
- Hochseetörns für Einzelbucher und Gruppen
- Regattasegeln auf allen Niveaus
- Skipper- und Chartervorbereitungskurse
- Skippertrainings speziell für Frauen
- Spezialtrainings zu Segeltrimm und Spinnaker
- Radar-, Yachtelektronik, digitale Seekarten

Die Hanseatische Yachtschule ist zu erreichen unter +49(0)4631/60000 bzw. hys@dhh.de.
Mehr Informationen unter: www.dhh.de.

⑮ Glücksburg-Quellental
Flensburger Segel-Club

54°, 50,4' N, 9°, 31,5' E
Quellental, 24960 Glücksburg
Tel.: +49 (0) 46 31-32 33

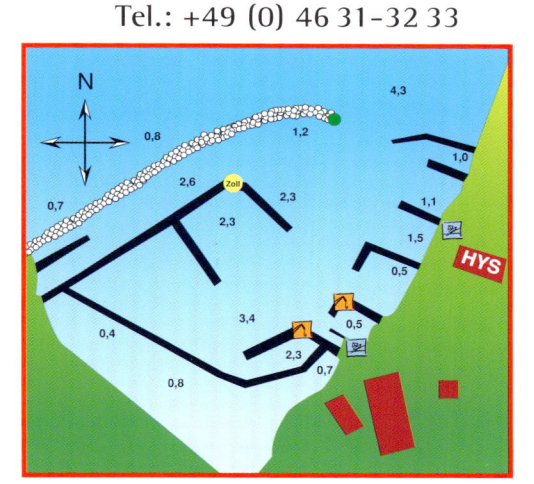

... hat einen großen Hafen, der auch von der Hanseatischen Yachtschule betrieben wird. Für Gastanleger sind freie Plätze durch grüne Schilder gekennzeichnet. Der Hafen ist bei Tag und Nacht ohne Probleme anzulaufen. In unmittelbarer Nähe zum Ostseebad Glücksburg gelegen, bieten sich dem Besucher viele abwechslungsreiche Möglichkeiten für einen interessanten Urlaubsaufenthalt. Nutzen Sie auch das Streckennetz der Aktiv Bus GmbH (S. 77).
Haltestellen befinden sich in unmittelbarer Nähe des Yachthafens.

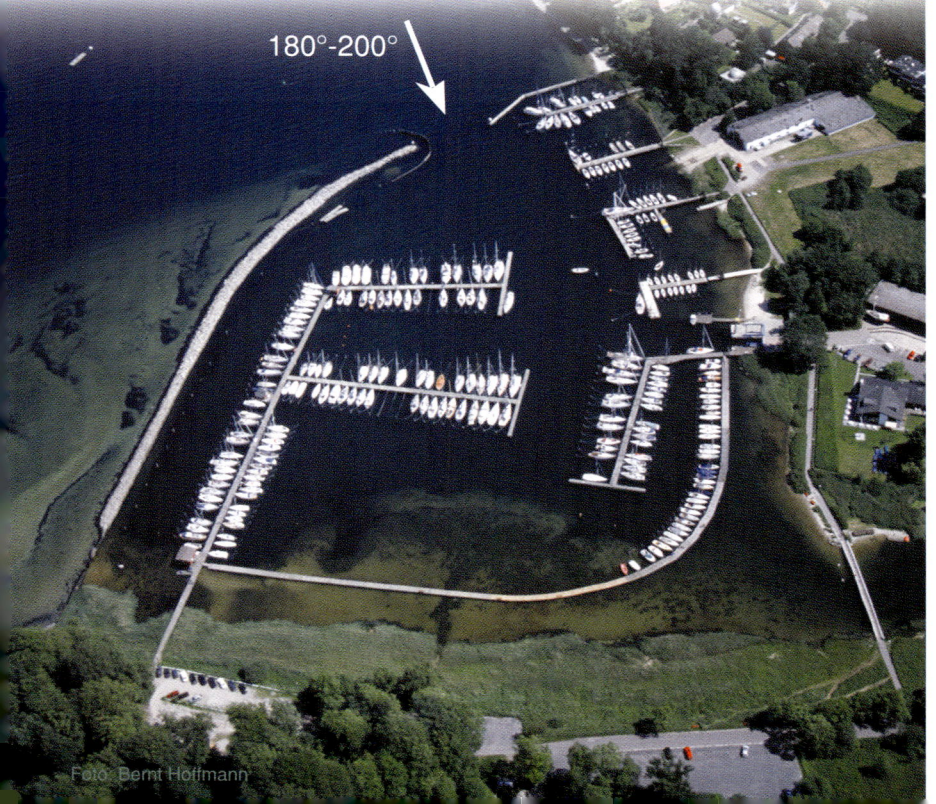

180°-200°

Foto: Bernt Hoffmann

⑯ FYC-Bockholmwik

54°, 49,9' N, 9°, 36,8' E
Förde-Yacht-Club Bockholmwik, 24960 Munkbrarup
Tel.: +49 (0) 46 31-62 25 15

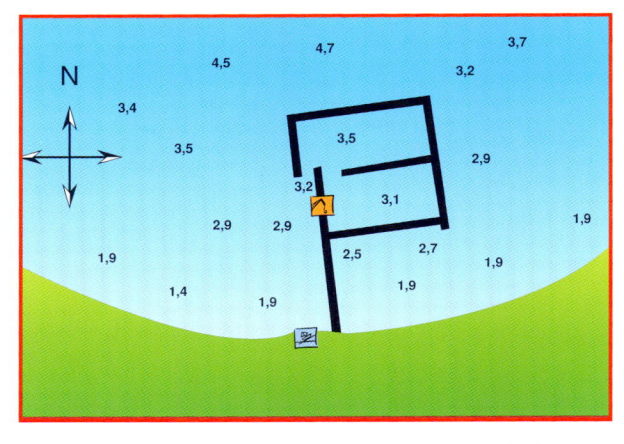

... liegt in einer wunderschönen hügligen Landschaft an der Flensburger Außenförde, ca. 5 km von Glücksburg entfernt. Der Hafen ist tagsüber leicht und direkt ansteuerbar. Von Osten kommend muß nur eine vorgelagerte Sandbank beachtet werden. Alle Brücken sind mit Strom- und Wasseranschlüssen versehen. Sanitäre Einrichtungen sind im Clubhaus vorhanden. Auf dem 150 m entfernten Campingplatz finden Sie Einkaufsmöglichkeiten, Restaurant und Fahrradverleih. Neben einem sehr schönen Naturbadestrand liegt in unmittelbarer Nachbarschaft (2 km) einer der schönsten Golfplätze der gesamten Region. Nutzen Sie auch das Streckennetz der Aktiv Bus GmbH (S. 77).
Haltestellen befinden sich in unmittelbarer Nähe des Yachthafens.

Foto: Bernt Hoffmann

⑰ Schausende - Club Nautic

54°, 51,5' N, 9°, 34,3' E
Am Leuchtturm, 24960 Glücksburg
Tel.: +49 (0) 46 31-27 10

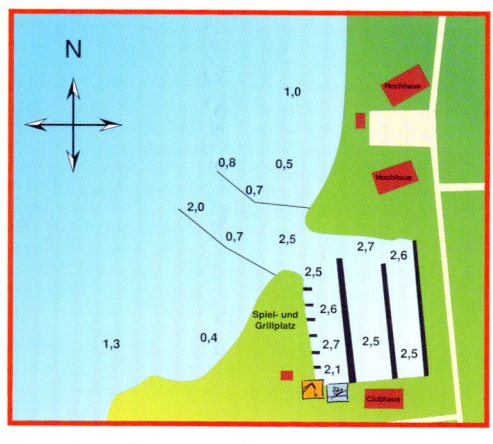

… bietet gleich südlich vom Leuchtfeuer Holnis in einem rechteckigen Becken an der östlichen Kaimauer Boxen von mindestens 2,3 Metern Tiefe an zwei langen Stegen. Die Plätze am Kopfende haben teilweise nur eine Tiefe von einem Meter. Freie Plätze sind mit grünem Schild gekennzeichnet. Schausende liegt im Naturpark Holnis. Sanitäranlagen und Clubhaus mit Restaurant, sowie eine Slipanlage und ein Mastenkran befinden sich am südlichen Ende des Hafens. Der Hafenmeister verleiht an Besucher kostenlos Fahrräder. Der ruhige Hafen bietet eine schöne Umgebung mit viel Natur und guten Spaziermöglichkeiten.

Foto: Bernt Hoffmann

Die Ochseninseln

Erstmals wurden die Ochseninseln in König Valdemars Grundbuch von 1231 erwähnt, wo sie als »Oxenör minor et major« geführt wurden.
Damals waren große Flächen Südjytlands noch von Wäldern bedeckt, so das die Inseln wahrscheinlich als Viehweiden benutzt wurden.
Daher stammt wohl der Name »Ochseninseln«. Man weiß, daß der Viehbestand von Schloss Duborg in Flensburg im Jahre 1411 dort geweidet hat.
Auf der Insel brüten neben vielen anderen Vogelarten auch Regenpfeifer, Schwäne und Elstern.
Beim Umwandern der Insel seien Sie bitte vorsichtig, weil man die Brutgelege am Steinstrand nur sehr schwer entdecken kann.

An den Wochenenden veranstalten wir Grillfeste und bieten Gesellschaften bis 60 Personen unsere Bewirtung an.
Gastsegler heißen wir auf der großen Ochseninsel herzlich willkommen.

Fährfahrten:

(Sønderhav-Große Ochseninsel)
Vor- und Nachsaison:
am Wochenende: jede Stunde 11.00 - 18.00 Uhr
Hauptsaison (21.Juni -15. August):
Täglich (außer Montag): jede Stunde 11.00 - 18.00 Uhr
Tel. +45 74 67 87 66
Restaurant: Tel. +45 74 67 87 66
Camping: Auf der großen Ochseninsel befindet sich ein kleinerer Campingplatz, der nach vorheriger Rücksprache benutzt werden kann. Tel. +45 74 67 87 66

Foto: Bernt Hoffmann

360°

... rund um die Flensburger Förde
... omkring Flensborg Fjord

Langballig

⑱ Langballigau
54°, 49,22' N, 9°, 39,13' E
Strandweg 6, 24977 Langballigau,
Tel.: +49(0)4636-97 62 65

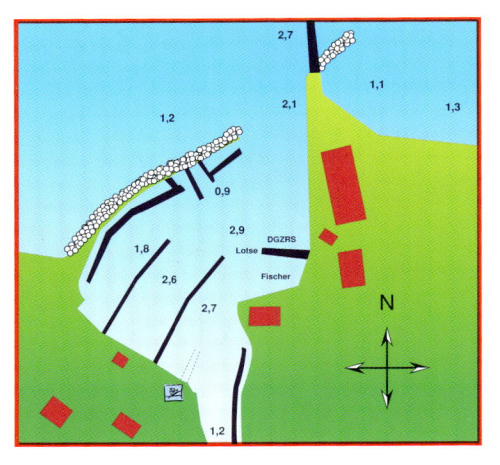

... ist ein kleiner idyllischer Fischer- und Sportboothafen. In der Mündung des gleichnamigen Flüsschens und bietet er Liegeplätze für 200 Sport- und Fischerboote.

In Langballigau gibt es viel Leben, man findet 3 Restaurants, Kioske, Läden, Kaufmann, Janny's Eis, Duty Free, Badestrand, Minigolf, Fahrradverleih. Frischfisch täglich ab 11^{00} Uhr und an Wochenenden.

Hier versorgen sich auch viele Urlauber, die auf den großen Campingplätzen der Umgebung ihre Ferien verbringen. Der 1999 neu eingerichtete Fähranleger ist ausgelegt für Fahrgastschiffe bis zu einer Größe von 1.064 BRT, 48 m Länge und 13 m Breite. Freie Plätze sind durch grüne Schilder gekennzeichnet. Ansteuerung möglich bei Tag und Nacht, die Einfahrt neigt zur Versandung und ist teilweise nur zwei Meter tief, Schwell im Hafen bei starken nördlichen Winden.

Foto: Bernt Hoffmann

Langballig

Der Luftkurort Langballig liegt direkt an der Außenförde und wird hauptsächlich durch Gewerbe, Fremdenverkehr und Landwirtschaft geprägt. Der Erhalt der gewachsenen ländlichen Strukturen und der Aufbau eines umweltschonenden naturnahen Erholungsgebietes bestimmen die Gemeindepolitik.

Durch hervorragende Kureinrichtungen, Bewegungsbäder, das Mutter-Kind-Genesungsheim mit Schwimmbad und Sauna sind wir eine der ersten Gesundheitsadressen an der Flensburger Förde.

Neben dem Amtskulturring Langballig gibt es eine große Zahl von Vereinen und Verbänden, die das Gemeinschaftsleben in Langballig gestalten. Höhepunkt des dörflichen Gemeinschaftslebens sind die Dorffeste.

Der Hafen, der Naturstrand, das Naturschutzgebiet der Langballigau und das Landschaftsmuseum sind Attraktionen für Urlauber und Naherholungssuchende. Ein breiter Bade- und FKK-Strand befindet sich östlich des Yacht- und Schutzhafens. Unmittelbar am Strand liegt ein komfortabler Campingplatz mit ca. 200 Stellplätzen.

Drei Restaurants mit ausgezeichneten Fischspezialitäten und urtümliche Fischbuden sorgen hier für ein garantiert kulinarisches Erlebnis. Besonders beliebt bei Einheimischen und Gästen ist der tägliche Kauf von fangfrischem Fisch - direkt vom Kutter.

Des weiteren wurden in den letzten Jahren das Rad- und Wanderwegenetz stark ausgebaut. Alle Ortsteile der Gemeinde sowie der Hafen und der Strand sind mit dem Fahrrad problemlos zu erreichen.

Eine besondere Attraktion unserer Gemeinde ist die Möglichkeit, sich auf einem Segelschiff trauen zu lassen. Heiratswillige, nicht nur aus dem Norden Deutschlands, beginnen hier ihren Weg in ihr gemeinsames Leben.

Am Rande des Langballigautales liegt inmitten einer hügeligen und waldigen Landschaft das historische Dorf Unewatt. Seine Besiedlung geht auf das adelige Gut Unewatthof zurück, das 1446 erstmals urkundlich erwähnt wird. Jahrhunderte lang bestimmten Bauern und Handwerker in wirtschaftlichem Einvernehmen den dörflichen Alltag und prägten das Siedlungs- und Landschaftsbild.

Veranstaltungen in Langballig

02.06.2005	Tagesfahrt nach Pellworm
06.06.2005	Tagesfahrt Eider-Treene-Sorge
06.06.2005	Wanderung auf die Geltinger Birk
09.06.2005	Tagesfahrt Grüne Oasen zwischen Aschberg und Ostsee
11.06.2005	"Tag der Artenvielfalt"
11.06.2005	Dorffest Dollerup
16.06.2005	Tagesfahrt Kanal und Förde mit Segler FRANZIUS
16.06. bis 19.06. 2005	71. Scheersbergfest
17.06.2005	Fledermausabend in Langballig
18.06.2005	Führung „Biologische Vielfalt am Rundweg"
20.06.2005	Wanderung um das Blixmoor und durch das Weesrieser Gehölz
22.06.2005	Tagesfahrt nach Lütjenburg
24.06.2005	Johannifeuer am Südensee
02.07. bis 03.07.2005	Dorffest Langballig
07.07.2005	Tagesfahrt nach Kiel und Stolpe
10.07.2005	Kammerkonzert der Jungen Philharmonie Köln
11.07.2005	Kinderfest
13.07.2005	Tagesfahrt an die Schlei
16.07. bis 18.09.2005	Maislabyrinth -2,5 ha großer Irrgarten der besonderen Art
21.07.2005	Sommerabendführung durch Unewatt
22.07.2005	Radtour mit anschließendem Grillen, Sörup am Südensee
31.07.2005	Freiluftgottesdienst, Gut Oestergaard, Steinbergkirche
04.08.2005	Literatursommer Schleswig-Holstein, Mühle Munkbrarup
17.08.2005	Bunter Nachmittag
18.08.2005	Hoffest mit den Amurkosaken, Familie Brunkert, Langballig
27.08.2005	Angeliter Sommerkonzert im Stallteil des Marxenhauses

Weitere Informationen in der Tourist-Büro, direkt in der Amtsverwaltung Langballig

Das Landschaftsmuseum in Angeln

Mit den ersten Modernisierungsprozessen in den 1950er Jahren änderte sich das Leben auch in Unewatt grundsätzlich: Vielerorts gaben Bauern ihre landwirtschaftlichen Betriebe auf, genossenschaftliche Einrichtungen stellten den Betrieb ein. In Unewatt kehrte auf der Grundlage der überwiegend erhalten gebliebenen Gebäude 1987 eine Wende ein. Man gestaltete in mehreren Arbeitsschritten Teile der dörflichen Lebenswelt zum Landschaftsmuseum Angeln um und erschloß die Kulturlandschaft "Unewatt" für Besucherkreise.
Seit 1993 sind auf diese Weise vier öffentliche Museumsinseln zugänglich, die den Besucher zwanglos durch den historischen Ortskern geleiten und ihm Einblicke in den historischen Alltag auf dem Dorfe ermöglichen.

Marxenhaus

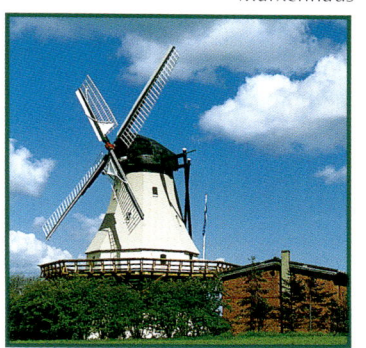

Öffnungszeiten Landschaftsmuseum Angeln:
April und Oktober: Freitag bis Sonntag
10.00 Uhr - 17.00 Uhr
Mai bis September: Dienstag bis Sonntag
10.00 Uhr - 17.00 Uhr

Nähere Informationen unter Telefon:
0 46 36/10 21 · Fax: 0 46 36/82 26

Galerieholländer

Gewußt wo:

Amtsverwaltung Langballig
Süderende 1
Tel.: +49(0)46 36/88 20
Fax: +49(0)46 36/88 33

Touristinformation Langballig
Süderende 1, 24977 Langballig
Tel. +49(0)46 36/ 88 36

Polizei
Süderende 1, 24977 Langballig
Tel. +49(0)46 36/ 81 10 oder 1 10

Zoll
Langballigau
Tel. +49(0)46 36/ 2 83

Taxi +49(0)4636/97 78 77

Restaurants:

Fährhaus Langballigau
Strandweg 4, 24977 Langballigau
Tel. +49(0)46 36/ 83 31

Grundhof Krug
Holnisser Weg 4
Süderende 1, 24977 Grundhof
Tel. +49(0)46 36/ 10 88

Landhaus Silbermöwe
Hotel· Restaurant · Café
Strandweg 1, 24977 Langballigau
Tel. +49(0)46 36/ 16 46

Gasthaus Unewatt
Unewatterstr. 8, 24977 Unewatt
Tel. +49(0)46 36/ 17 55

arbeitsagentur-sh.de
FIND YOUR PLACE

Find Your Place ist eine junge und innovative Firma aus Flensburg. Wir haben es uns zum Ziel gesetzt, Unternehmen und Arbeitssuchende zusammenzubringen.

Durch unsere guten Kontakte zu zahlreichen Unternehmen, die wir während unsere bisherigen Tätigkeit aufgebaut haben, bekamen wir einen realistischen Einblick in das Personalmanagement und die Personalanforderungen der verschiedenen Unternehmen.

Im Gegensatz zu vielen anderen Personalvermittlungsagenturen, suchen wir speziell für **Sie** das richtige Unternehmen.

Auch sind wir der kompetente Ansprechpartner für **Sie** als Unternehmer, um Ihnen zeitnah qualifizierte Arbeitnehmer vorzustellen.

Da unsere Unternehmensphilosophie auf den Grundsätzen des TQM - Total Quality Management - beruht, steht für uns die Kundenzufriedenheit immer an erster Stelle.

Dabei unterstützen wir **Sie** in dem Umfang, in dem Sie es wünschen.

Die Entscheidung liegt bei Ihnen - wir freuen auf eine konstruktive Zusammenarbeit!

---

arbeitsagentur-sh.de - FIND YOUR PLACE
Dipl. Ing. Harald Markvorsen
Niehuuser Str. 12 · 24955 Harrislee

Telefon: +49 (0) 461/23 44 2 · Telefax: +49 (0) 461/23 55 2

360°

... rund um die Flensburger Förde
... omkring Flensborg Fjord

Sörup

Entdecken Sie Sörup!

Tour 11 (37,6 km): Sörup - Quern - Niesgrau - Scheggerott - Sörup
Tour 12 (33,7 km): Sörup - Brarupholz - Böelschuby - Norwegen - Mühlenholz - Sörup
Tour 13 (33,5 km): Sörup - Schwensby - Hollehitt - Westerholz - Neukirchen - Quern - Sörup
Tour 14 (40,9 km): Sörup - Mühlenholz - Böelschuby - Loit - Hollmühle - Satrup - Gammelbygaard - Sörup
Tour 19 (33,4 km): Sörup - Winderatt - Ausacker - Kleinsolt - Hürup - Husby - Hollehitt - Schwensby - Sörup
Tour 20 (30,5 km): Sörup - Gammelbygaard - Satrup - Hostrupfeld - Kleinsolt - Ausacker - Winderatt - Sörup

(Orte sind hier im Uhrzeigersinn aufgeführt)

Sörup ist eine Flächengemeinde mit einem Gemeindegebiet von 4430 ha. Die 4.200 Bewohner leben hauptsächlich von Handel und Gewerbe, Landwirtschaft und Tourismus. Im Zentrum ragt der 57 m hohe Turm der romanischen Granitquaderkirche St. Marien aus dem 12. Jahrhundert in die Höhe. Ebenfalls sehenswert ist die gerade renovierte Windmühle im Ortsteil Schwensby. Ein hölzerner Galerieholländer mit Steert- und den Jalousieflügeln. Auch ein Besuch im Obstmuseum mit über 700 verschiedenen Sorten in Winderatt ist lohnenswert.

Die Gemeinde, die bereits mehrfach als „Schönes Dorf" und als „Sportliche Gemeinde" ausgezeichnet worden ist, bietet mit dem umfassenden Kultur- und Vereinsleben ein reichhaltiges Freizeitangebot für die unterschiedlichsten Geschmäcker und ist somit das richtige Ziel für Gäste, die sich aktiv erholen wollen.

ST. MARIEN -
Juwel romanischer Baukunst -

birgt auch im Inneren seltene Kostbarkei-ten, zum Beispiel ein Taufstein aus gotländischem Kalksandstein (13. Jhd.) und Empore mit 25 Bildern (18. Jhd.).
Aus vorreformatorischer Zeit stammen die Figuren Marias und Johannes und aus dem 19. Jhd. die jetzige Orgel.

Windmühle RENATA in Schwensby

1883 erbauter einstöckiger Galerieholländer mit Segelflügeln und Steert. Die Flügel erhielten nachträglich Jalousien. Die ganz aus Holz erbaute Mühle wurde in den Jahren 1999 bis 2002 aufwendig restauriert und ist heute wieder windgängig. Sehenswert ist der Altbestand der Mühlenmaschinen, der einen Einblick in die Entwicklung der Windmüllerei von der Gründung des Betriebes Schwensby-Mühle bis in die 70er Jahre gibt.
Für Interessierte bieten wir auf Absprache Mühlenführungen an:
Heiko Rosin und Dörte Callsen, Tel.: 04635 / 1656

Obstmuseum "ALTE OBSTSORTEN"

Sie suchen einen ganz bestimmten Apfel, dessen Namen Sie nicht kennen? Vielleicht können wir Ihnen dabei helfen. Wir laden Sie herzlich ein, uns in unserem Obstmuseum zu besuchen. Wir erzählen Ihnen Sagen, Legenden und Geschichten, die sich um Apfelsorten ranken und zeigen Ihnen Bäume und Früchte dazu, die sie auch probieren können. In unserem lebenden Obstmuseum stehen mehr als 600 verschiedene alte Apfel- und 100 Birnensorten sowie andere Obst- und Beerenarten, die wir seit mehr als 15 Jahren gesammelt haben.

Meinholf und Karin Hammerschmidt
Tel.: 04635/2745

Der Söruper SÜDENSEE

Wie Sie hier auf dem Luftbild sehen, liegt Sörup direkt am Südensee. An diesem See können Sie nicht nur wunderbare Rad- und Spaziertouren unternehmen. Im Sommer bietet der Südensee sich als herrlicher Badesee an. Angler kommen bei uns voll auf ihre Kosten: am Südensee und am Winderatter See finden sich ruhige abgelegene Plätze. Hier können Aal, Zander, Hechte und Barsche sowie Brassen und Weißfische geangelt werden. Angelscheine sind im Ort erhältlich - der Touristikverein Sörup gibt Ihnen gern Auskunft. Vögel und Pflanzen können am Südensee ihre Artenvielfalt erhalten - da gibt es zum Beispiel die über 100 Jahre alten "Windbäume", die als Naturdenkmale unter besonderem Schutz stehen. Auch der Reiher läßt sich an beiden Seen beobachten, Ornithologen zählten über 20 Vogelarten, darunter Wachtelkönig, Zwergseeschwalben und Sichelstrandläufer.

Das Stiftungsland Winderatter See

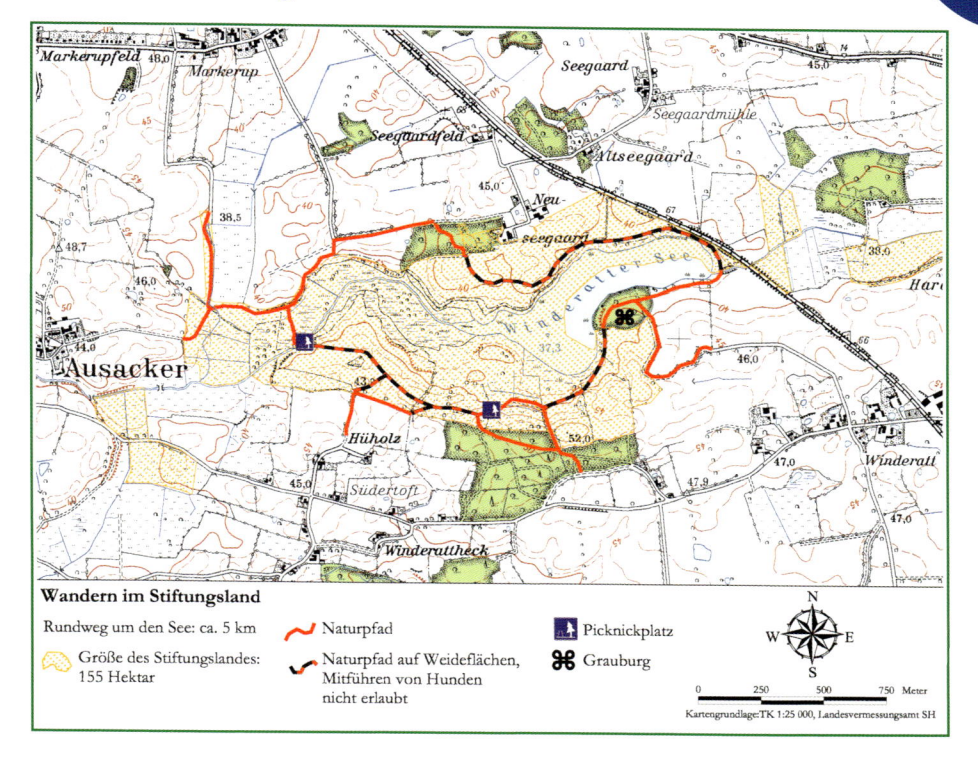

Wandern im Stiftungsland

Rundweg um den See: ca. 5 km

~ Naturpfad

~ Naturpfad auf Weideflächen, Mitführen von Hunden nicht erlaubt

🏕 Picknickplatz

✠ Grauburg

Größe des Stiftungslandes: 155 Hektar

Kartengrundlage: TK 1:25 000, Landesvermessungsamt SH

Willkommen im Stiftungsland Winderatter See

Der Winderatter See hat eine lange Entstehungs- und Nutzungsgeschichte. Die hügelige Landschaft, der flache Rinnensee und das Tunneltal der Kielstau entstanden während der Weichsel-Eiszeit vor ca. 10.000 Jahren. Große Teile des Sees sind seitdem verlandet, und über zehn Meter mächtige Schlamm- und Torfschichten haben sich gebildet. Schilfröhrichte, Weiden-Bruchwälder und Großseggen- Wiesen sind typisch auf diesen Niedermoortorfen.

Um 1487 wurde der See zum Betreiben einer Wassermühle am östlichen Dorfrand von Ausacker angestaut. Erst 1845 übernahm eine Erdholländermühle westlich von Ausacker das Mahlen des Korns. Nun begann die Absenkung des Seespiegels um etwa zwei Meter. Die so gewonnenen Flächen konnten als Akker und Grünland genutzt werden. Düngereinträge aus der Landwirtschaft belasteten den nur 1,50 Meter tiefen See erheblich. Die Stiftung Naturschutz begann 1989 mit dem Flächenankauf.

1978 als Stiftung öffentlichen Rechts gegründet erwirbt die Stiftung Naturschutz Flächen, um die biologische Vielfalt zu fördern und die landschaftliche Schönheit Schleswig-Holsteins zu erhalten.

Vielfalt auf kleinem Raum:
- Winderatter See und Bachaue der Kielstau
- Buchen- und Erlenwälder
- Röhrichtbereiche und Niedermoore
- Weißdorngebüsche und Knicks
- Grünland und wassergefüllte Senken
- Talhänge mit Sickerquellen.

Das Stiftungsland Winderatter See und das Tal der Kielstau gehören zum europäischen Netz von Schutzgebieten mit dem Namen NATURA 2000.

Tierische Landschaftspfleger:

Zottelige Robustrinder leben hier das ganze Jahr über ohne Stall im Familienverband. Die Kälber werden draußen geboren. Jedem Rind stehen etwa drei Hektar zur Verfügung. Nur wenige Tiere sind auf der Fläche, damit auch im Winter ausreichend Nahrung vorhanden ist. Denn nur in Notzeiten mit hohem Schnee wird zugefüttert. Jedes Jahr werden einige Jungtiere geschlachtet und vermarktet.

Das Fressverhalten der Tiere bestimmt das Aussehen der Landschaft entscheidend mit. Ein kleinräumiger Wechsel von offenen Grünlandflächen, Gebüschen und Baumgruppen entsteht. Das bunte Mosaik der so genannten „Halboffenen Weidelandschaft" ist Lebensraum zahlreicher gefährdeter Pflanzen- und Tierarten.

Naturschutz durch Förderung der biologischen Vielfalt, Nutzung durch Beweidung und naturnahe Erholung sind hier im Einklang.

Natur und Kultur - erleben und verbinden

Ob auf den Spuren der alten Grauburg oder früherer Seeufer, zur Blüte der gelben Schwertlilie im Frühjahr oder wenn die roten Beeren des Weißdorns in der Herbstsonne leuchten: Die einmalige Landschaft im Stiftungsland Winderatter See ist zu jeder Jahreszeit ein Erlebnis. Wir möchten Sie herzlich einladen, die Vielfalt der Natur im Stiftungsland Winderatter See auf einem der Naturpfade zu erkunden. Bitte beachten Sie, dass das Mitnehmen von Hunden auf die beweideten Flächen nicht gestattet ist.

Informationen finden sie im Internet unter:
www.ausacker.de
www.husby.de
www.soerup.de

WICHIGE INFORMATIONEN:

Polizeistation Sörup
Schleswiger Str. 3   110
Hr. Ohlsen/Hr. Hansen   04635/292085

Gemeindeverwaltung Sörup
Schleswiger Str. 3   04635/2960-0
24966 Sörup

Volkshochschule Sörup
Leitung: Karin Hammerschmidt
Waldweg 2   04635/2745

Bücherei Sörup
Leitung: Regine Berthold
Schleswiger Str. 1   04635/2268

Ärzte (Allgemeinmedizin)
Gemeinschaftspraxis
Dr. Grünewälder/Dr. Zeriadtke
Flensburger Straße 2   04635/931

Dr. Hildegard Zeriadtke
Flensburger Straße 2   04635/2103

Zahnärzte
Gemeinschaftspraxis
Dr. Kurt Hornig und Sönke Brix
Flensburger Straße 75   04635/2360

Jörg Dzienus
Schleswiger Straße 4   04635/484

Apotheke
Finken-Apotheke
Steffen Riemann
Bahnhofstraße 5   04635/545

St. Marien-Kirche Sörup
Evang.-Luth. Kirchengemeinde Sörup
Pastor Dirk Schulz,
Pastorin Peggy Kersten
Angelner Straße 2   04635/2204

Pastorin Regina Waack
Gartenstraße 3   04635/2201

Kreisbahnhofshotel
Bernd Petersen und sein Team
Marktstraße 3   04635/2400

Taverna Samos
Bahnhofstraße 1   04635/1777

M.JÜRGENSEN FLENSBURG

Das Werk der M. Jürgensen GmbH & Co KG hat seinen Sitz in Sörup, einem Ort mit rund 4500 Einwohnern, etwa 20 Kilometer südöstlich von Flensburg und der dänischen Grenze entfernt.

Seit mehr als einem halben Jahrhundert hat sich das Familienunternehmen auf Rohre und Buchsen aus Schleuderguss spezialisiert. Für Zylinderlaufbuchsen ist das Unternehmen seit vielen Jahren als Marktführer in Europa ein zuverlässiger und innovativer Partner führender Motoren- und Kompressorenhersteller.

Neben Zylinderlaufbuchsen für Diesel- und Gasmotoren werden Kompressorlaufbuchsen für Kolbenkompressoren, die in der chemischen und petrochemischen Industrie sowie im Schiffbau Anwendung finden, gefertigt. Zum Beispiel stammen die Laufbuchsen der Antriebsmotoren des derzeit größten Luxus-Liners der "Queen Mary ll" hier aus Sörup.

Aber das Lieferspektrum umfasst auch Zylinderlaufbuchsen für Applikationen im Allgemeinen Maschinenbau. Die überwiegende Zahl der Produkte wird im einbaufertigen Zustand oft auch direkt an die Montagelinien der Kunden im Just-in-time-Betrieb geliefert.

Auf Wunsch des Kunden werden auch vorbearbeitete Halbrohrlinge zur Weiterverarbeitung gefertigt.

AUF EINEN BLICK

Gründungsjahr: 1935
Mitarbeiter: rund 230
Umsatz: rund 25 Mill. Euro
Kapazität: Aus ca. 13.000 t Gussproduktion werden mehr als 30.000 Zylinderlaufbuchsen hergestellt.
Leistungsspektrum: Zylinderlaufbuchsen aus Schleuderguss für Großdieselmotoren.
Absatzmärkte: weltweit
Vertrieb: Direktvertrieb vom Standort Sörup aus

Zertifizierungen:
DIN EN ISO 9001:2000
DIN EN ESO 14001:1996
LRQA

M. Jürgensen GmbH & Co KG
24966 Sörup

M. JÜRGENSEN
FLENSBURG

Mit derzeit rund 200 Mitarbeitern konnte sich das Unternehmen die Flexibilität erhalten, die erforderlich ist, um den wachsenden Anforderungen und speziellen Wünschen der internationalen Großmotorenhersteller in Bezug auf Qualität, Liefertermintreue und Produktausführung gerecht zu werden.

Teile für Großdieselmotoren müssen höchsten Ansprüchen an Materialeigenschaften und -präzision genügen.

Strandhotel
Steinberghaff

Unser kleines Hotel liegt in Steinberghaff, direkt am schönen Strand der Flensburger Förde. Genießen sie hier Ihren Urlaub in unseren komfortabel ausgestatteten Zimmern. Ein separater Multifunktionsraum für Seminare (bis 25 Personen) steht Ihnen hier ebenfalls zur Verfügung. Besonders sehenswert ist das Wandgemälde des Hamburger Malers Thomas Epha.
Auf einer Fläche von 3m x 7 m ist der Sonnenaufgang über der Geltinger Bucht beeindruckend wiedergegeben. Neben einem reichhaltigem Frühstücksbuffet und einer typisch regionalen Küche, bieten wir Ihnen Kinderermäßigungen sowie Gruppen- und Pauschalangebote an. Ihre Haustiere sind bei uns gern gesehene Gäste.

Steinberghaff 22 · 24972 Steinberghaff
Tel. +49(0) 46 32 - 17 55 · Fax +49(0) 46 32 - 15 01
info@strandhotel-steinberghaff.de
www.strandhotel-steinberghaff.de

360°

... rund um die Flensburger Förde
... omkring Flensborg Fjord

Steinbergkirche

Willkommen in Steinberg!

Die Gemeinde Steinberg mit ihren rund 1000 Einwohnern umfasst ein Gebiet von 1625 ha. Mit ihren Ortsteilen Steinberghaff, Steinbergholz, Norgaardholz und Habernis liegt sie unmittelbar an der Flensburger Förde und der Geltinger Bucht. Landeinwärts grenzt Steinberg an die Gemeinden Steinbergkirche (Amtssitz), Sterup, Niesgrau und Quern. Der Naturstrand erstreckt sich 8 km von der Lipping-Au im Süden bis zur Steinberg-Habernisser-Au im Norden.

Mit intensivem Ackerbau und Milchwirtschaft ist die Gemeinde heuteweitgehend landwirtschaftlich orientiert, bietet aber auch ihren Bürgern und Gästen einen reizvollen Wohn- und Erholungsort. Ein seit 1974 bestehender Flächennutzungsplan, der die bauliche Entwicklung mit Wohn- und Ferienhausgebieten über B-Pläne geregelt hat, ist jetzt durch Abrundungssatzungen für Baumöglichkeiten und Lückenbebauung in den verschiedenen Ortsteilen vervollständigt worden.

Die gewerbliche Infrastruktur ist in Steinberg seit vielen Jahren besonders durch den Fremdenverkehr geprägt. Hotels, Gaststätten, Campingplätze, Pensionen und Ferienwohnungen in Privathäusern und auf Bauernhöfen bieten ein reichhaltiges Angebot.

Verkehrsmässig ist Steinberg sehr gut über die Autobahn A 7 (Abfahrt Tarp), die Bundesstrasse B 199 (Nordstraße), die Landesstraße L 248 sowie über die Kreisstrasse K 106 zu erreichen. Die örtliche Erschließung geschieht über Gemeindestrassen; Rad- und Gehwege sowie ein gutes Wanderwegenetz runden die Infrastruktur ab. Ebenso laden ein Waldlehrpfad im "Fischerholz" in Oestergaard, ein Landschaftspfad im Ortsteil Stürsholz, ein Waldsportpfad in Steinberghaff, viele Ruhebänken an schönen Aussichtsplätzen und ausreichend Parkplätze im nahen Küstenbereich ihre Besucher ein.

Geschichte

Steinberg gehört zu den ältesten Dörfern unseres Kirchspiels. Der Name wird erstmals 1352 als "campo Stenbiert" erwähnt, ist sicher aber viel älter. Das Dorf erstreckt sich in ziemlicher Ausdehnung von der Gemeindegrenze im Westen bei Bredegatt bis Flintholm im Osten, im Süden bis Südsteinberg und im Norden bis Stürsholz. Steinbergholz gehörte schon immer als Ortsteil dazu.

In früheren Zeiten waren die sogenannten Harden die untersten Verwaltungseinheiten. Ihnen oblag auch die Gerichtsbarkeit. Steinberg gehörte zur Nieharde (Neue Harde), die im Mittelalter von den benachbarten Harden abgetrennt worden war. Sie umfasste die Kirchspiele Sörup, Quern, Sterup, Esgrus, Steinberg und früher auch Gelting. Mit der preußischen Landgemeindeordnung von 1867 – Schl.-Holst. war nach dem dt.-dän. Krieg von 1864 durch Proklamation vom 24.Juni 1867 eine preußische Provinz geworden – wurden neue Gemeinden gebildet. 1888/89 erfolgte dann anstelle der Harden die Schaffung der Amtsbezirke, die größtenteils die alten Kirchspiele umfassten. 1949 vereinigten sich die benachbarten Ämter Steinberg und Quern zum gemeinsamen Amtsbezirk Quern-Steinberg mit Sitz in Steinbergkirche, einem Ortsteil der damals noch selbständigen Gemeinde Bredegatt.

Urlaub im Amt Steinbergkirche

Im Norden Schleswig-Holsteins, an der Ostseite der so abwechslungsreichen und vielgestaltigen Moränenlandschaft Angeln, liegt Steinberg mit seinen staatlich anerkannten Erholungsorten Norgaardholz und Steinberghaff, direkt an der Flensburger Außenförde und der Geltinger Bucht.
Steinberghaff ist seit mehr als 100 Jahren als Ostseebad bekannt. Die Gemeinde Steinberg ist landwirtschaftlich orientiert, der Fremdenverkehr nimmt bis heute aber einen hohen Stellenwert ein.

Felder mit Weizen, Gerste, Hafer, Roggen und im Mai mit goldgelb blühendem Raps bilden den Kontrast zur blauen See.
Der ca. 8 km lange Küstenbereich ist ein Naturstrand mit vielen Badestellen, die mit vorgelagerten Sandbänken für das Baden mit Kinder geradezu optimal sind. Nicht nur Wasser erwartet Sie hier, sondern auch viele Misch- und Bauernwälder, die zum Wandern einladen. Erholsame Wanderungen zu Fuß oder per Fahrrad auf zum Teil ausgebauten und beschilderten Radwanderwegen führen durch die Gemeinde mit den typischen Reetdachhäusern und Dreiseithöfen.

Unsere Gemeinde bietet eine reichhaltige Auswahl an Ferienunterkünften. Hotels und Gaststätten, Campingplätze und Pensionen, Ferienwohnungen in Privathäusern und auf Bauernhöfen - mit ihren individuellen Ausstattungen und Angeboten auf Ihre Wünsche zugeschnitten.

WICHTIGE INFORMATIONEN:

Polizeistation Steinbergkirche
Nordstr. 1, Steinbergkirche 0 46 32/85 60
in Notfällen 110

Amt Steinbergkirche
Amtsvorsteherin: Ellen Weißenberg
Schöne Aussicht 19
24972 Steinbergkirche 0 46 32/72 42

Ärzte
Gemeinschaftspraxis Brunsholm
Sören Schmolling
Arzt für Allgemeinmedizin,
Psychotherapie, Naturheilverfahren
Dr. med. Dieter-G. Heinecke
Arzt für Allgemeinmedizin,
Chirotherapie
Brunsholm 20
24402 Esgrus 0 46 37/95 95-0

Dr. Jörg Braun
Holmlück 15 a
24972 Steinbergkirche 0 46 32/87 69 69

Henning Braun
Schulstr. 11
24972 Steinbergkirche 0 46 32/87 68 46

Gemeinschaftspraxis
Dr. Angelika und Dr. Peter Schmidt
Norgaardholz 24
24972 Steinberg 0 46 32/14 41

Dr. Heinz Müller
Kappelner Str. 1
24996 Sterup 0 46 37/3 97

Zahnärzte
Dr. Meike Jödicke
Gintofter Str. 2
24972 Steinbergkirche 0 46 32/8 73 60

Apotheke
Angler-Apotheke
Westerholmer Str 3.,
24972 Steinbergkirche 0 46 32/3 01

Evang.-Luth. Kirchengemeinden

Kirchengemeinde Esgrus
Pastorin Susanne Schildt,
24402 Esgrus 0 46 37/2 02

Kirchengemeinde Quern-Neukirchen
Pastor Wolfgang Schwan,
24972 Quern 0 46 32/2 13

Kirchengemeinde Steinberg
Pastor Hans Baron,
24972 Steinbergkirche 0 46 32/3 57

360°

... rund um die Flensburger Förde
... omkring Flensborg Fjord

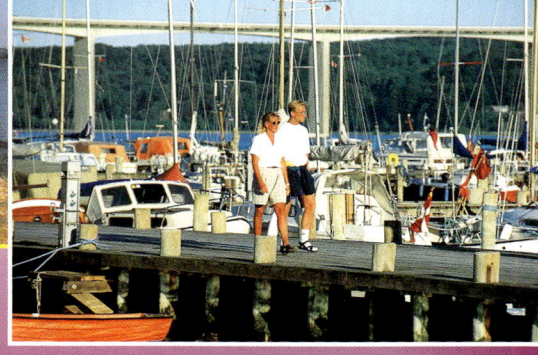

FERIENLAND OSTSEE
GELTING · MAASHOLM

Gelting

Gelting – Ostsee Kneipp- und Luftkurort

„Chelding, de chude Chegend,
wo de chelen Cheorginen chresig
chuud chedeihn"

Dieser plattdeutsche Ausspruch in ostangler Mundart bezeugt den Stolz der Bewohner auf ihre fruchtbare und schöne Landschaft. Bereits Graf Adelbert von Baudissin nannte sie den "Garten Gottes", als er 1864 Angeln bereiste.

In diesem "Garten Gottes" mit Gelting und seinen Amtsgemeinden Urlaub zu machen bedeutet reine, milde Seeluft atmen, baden und schwimmen in unbelastetem Ostseewasser, faulenzen im weichen Sand der Naturstrände, wandern und radfahren entlang der urwüchsigen Küste oder durch die von Knicks gesäumten Wiesen und Felder. Am Wegesrand stolze Bauernhöfe, traditionsreiche Herrenhäuser und mittelalterliche Dorfkirchen.

Gelting ist mit seinem Umland zwischen Geltinger Bucht und offener Ostsee eine viel besuchte Ferienregion mit 2500 Gästebetten in Privat, Hotel- und Gasthauszimmern, Ferienwohnungen und Ferienhäusern. Für Camper bieten fünf Campingplätze rund 1000 Stellplätze. Badestrände sind Gelting-Wackerballig in der Geltinger Bucht sowie Falshöft, Gammeldamm/Niedamm, Golsmaas, Kronsgaard-Pottloch, Hasselberg-Drecht und Oehe-Drecht an der offenen Ostsee. Radtouristen finden ausgeschilderte Fahrradrouten für die in den Tourist-Informationen Tourenkarten erhältlich sind.

Der Ort Gelting wird bereits 1231 in Waldemars Erdbuch als Gyælthing/Geltyng erwähnt. Womit wohl mehr, als das königlich, dänische Gut Gelting gemeint war. Nämlich ein riesiges Waldgebiet im östlichen Angeln, de Wohld to Geltyng, das von Roest im Süden bis an die Linie Wackerballig/Falshöft im Norden reichte.

Erst im Jahre 1928 – und von diesem Zeitpunkt an verhältnismässig stürmisch – ist das Dorf Gelting zu einer Gemeinde mit Handels-, Gewerbe- und Dienstleistungsbetrieben herangewachsen. Heute ist Gelting mit 1950 Einwohnern ländlich zentraler Ort mit der Anerkennung als Luft- und Kneippkurort. Der einzige, staatlich anerkannte Kneippkurort an der schleswig-holsteinischen Ostseeküste, betreut von zwei Badeärzten. Die Kneipp-Therapie wird als "Offene Badekur" in kleinen, ländlichen Kureinrichtungen angeboten. Im Geltinger Bürgerpark mit Biotop befindet sich ein kneippsches Wassertretbecken.

Das Geltinger Wappen ist das älteste im Landkreis, darüber hinaus aber auch eines der ältesten ländlicher Orte in Schleswig-Holstein.
Es wurde der Gemeinde 1937 verliehen und zeigt in blau unter einer goldenen Halbsonne einen goldenen Pflug mit silbernem Pflugeisen. Der Pflug deutet auf den einst vorwiegend landwirtschaftlichen Charakter des Ortes und seiner Umgebung hin.

Was tut sich kulturell in Gelting?

Ein Höhepunkt, die "Sommerlichen Musiktage" und Freitagskonzerte in der "St. Katharinenkirche", arrangiert vom Geltinger Pastor. Konzerte in Herrenhäusern. Platzkonzerte. Gesangsdarbietungen des Geltinger Männerchores sowie des weit über die Grenzen hinaus bekannten Geltinger Shanty Chores. Unterhaltsame Großveranstaltungen in der Geltinger Birkhalle. Historische Dorfführungen. Angebote vom Ortskulturring Gelting. Bücherei und Amtsarchiv. Oktober-Karpfenfest im Bürgerpark. Geltinger Weihnachtsmarkt und Weihnachts-Basar.

Fitness und Freizeit

Für Fitness und Freizeit bietet Gelting vielseitige Abwechslung. Geboten werden drei Saunabetriebe, ein für jeden zugängliches Hotel-Schwimmbad, ein Wellness-Zentrum mit "Beauty Farm", Sonnenstudios, eine Massage-Praxis mit Kneipp-Anwendungen und mehrere Therapie-Praxen. Wassertreten im Bürgerpark-Tretbecken unter Anleitung des Kneipp-Vereins Gelting. Feld-Tennis auf dem Platz des MTV Gelting 08, Minigolf, Kegelbahn, Tretbootvermietung, Schnuppersegeln mit dem Geltinger Yacht-Club, Surfen, Reiten und Kutschfahrten.
Alljährlich besondere Sommer-Aktivitäten: Wanderungen mit dem Geltinger Pastor um die Geltinger Birk zum Ostsee-Sonnenaufgang in Falshöft. Internationaler Wandertag des MTV Gelting 08. Sportlicher Geltinger Birklauf unter internationaler Beteiligung über Distanzen von 1 km, 5 km und 15 km mit Streckenrekord-Prämien.
Der Ferienspass für Feriengäste und Mitbürger auf zahlreichen Veranstaltungen: Am 1. Mai Maifeiern. Volksfest "Geltinger Tage" im Bürgerpark und im Festzelt sowie viele Dorf- und Feuerwehrfeste. Strandfest der DLRG GGH am Badestrand. Bastel-nachmittage der "Fleissigen Hummeln" für Jung und Alt im Geltinger Peter-Schwennsen-Haus. Märchenabende.

Sehenswertes in Gelting und Umgebung

Das Geltinger Gemeindehaus. Neben dem Pastorat. 1733 nach Brand neu erbaut. Fachwerk mit Ziegelfüllung und Reetdach. Bis 1823 Pastorat mit Stallungen und Heuboden. Die Seelsorger lebten von eigener Bauernwirtschaft.

Geltinger Kirche "St. Katharinen". Um 1300 in der Zeit der Spätgotik aus Backstein erbaut. Veränderungen 1640 und 1674. Bedeutender Umbau 1793. Das Altarblatt mit figurenreichen Darstellungen entstand um 1520/1530. Kanzel 1639 und Taufe aus Holz 1653 gestiftet. Einbau der ersten Orgel bereits vor 1595. Sie wurde 1793 und 1904 erneuert.

Glockenturm neben der Kirche. Nach Abbruch des alten Turms, 1729 aus Holz neu errichtet. Die wertvollen Bronzeglocken mußten im 1. und 2. Weltkrieg zerschlagen und abgeliefert werden. Sie wurden durch Stahlglocken ersetzt.

Herrenhaus / Schloss Gelting. Zweigeschossiges Herrenhaus in Gestalt einer Dreiflügelanlage. Der Ostflügel mit rundem Eckturm ist der Rest eines Baus von 1470. Westflügel von 1680, der Mittelbau von 1772 mit grossen holländischen Schiebefenstern.

Windmühle "Charlotte". 1824 an der Geltinger Bucht erbaute Holländermühle. Diente als Kornmühle und Schöpfwerk zur Entwässerung des 1821 eingedeichten Beveroer Noores, dem heutigen Naturschutzgebiet "Geltinger Birk".

Naturschutzgebiet Geltinger Birk. Lebensraum für rund 170 Zug- und heimische Vogelarten sowie ca 380 Pflanzenarten. Davon sind 35 in der roten Liste aufgeführt. Fünf weitere stehen unter Naturschutz. In Beveroe Schutzhütte des Naturschutzbundes Deutschland (NABU). Von April bis Oktober fachkundige Führungen des Naturschutzwartes.

Geltinger Noor. Ostsee-Bucht zwischen dem Wald von Nordschau und der Geltinger Birk mit der Mühle "Charlotte". Das Vorhaben, die Bucht 1581 mit einem Steindamm einzudeichen, scheiterte. Der Steinwall ist noch erkennbar.

Yachthafen Gelting-Wackerballig. 1980 fertiggestellter Inselhafen in der Geltinger Bucht mit Holzbrücke zum Land. 234 Liegeplätze.

Leuchtturm Falshöft. Erbaut 1908/09, 24 m hoch. Elektrisch, ferngesteuert betrieben. Sein Feuer leitet Schiffe südlich der Flensburger Förde an der Küste entlang. Hier befindet sich ein Trauzimmer, in dem der ehrenamtliche Standesbeamte und Bürgermeister von Pommerby Trauungen vornimmt, was zu einer touristischen Attraktion geworden ist.

Die Geltinger Birk

Grünes Naturjuwel Ostangelns, umspült von Ostseewellen

Zu den schönsten Naturerlebnissen in Ostangeln gehört eine Wanderung um die Geltinger Birk. Der Wander- und Radweg zählt zu den zehn schönsten in Deutschland. Die ruhige Geltinger Bucht, die Küste der offenen Ostsee und das grüne Naturschutzgebiet Geltinger Birk faszinieren jeden Wanderer. Wer um die Birk wandern möchte, sollte sich so anziehen, dass er mit festem Schuhzeug ausgestattet ist und seine Bekleidung jeder Witterung trotzt.

Besonders im Sommer werden im größeren Umfang geführte Wanderungen angeboten. Besonders beliebt sind die vom Geltinger Pastor geleiteten Nachtwanderungen, die der aufgehenden Sonne entgegen führen und mit einem Frühstück am Falshöfter Ostseestrand enden. Ausgangspunkt ist fast immer der Parkplatz an der Mühle "Charlotte". Von hier bis zur Schutzhütte (inkl. WC) des Naturschutzbundes Deutschland (NABU) läuft man etwa 30 Minuten. Auch der dortige Naturschutzwart unternimmt regelmäßige Führungen und erklärt ausführlich die Tier- und Pflanzenwelt dieses 773 ha umfassenden Naturschutzgebietes.

Bauwerkliches Symbol dieser Landschaft ist die Mühle "Charlotte". Die Birk wird zwar bereits 1494 und 1652 als Birkeninsel erwähnt, entstand in ihrer heutigen Form aber erst 1821 durch die Eindeichung des Großen Noores. Bis dahin bestand lediglich eine schmale Landverbindung zwischen dem Fischer- und Lotsendorf Falshöft und der zur Birk gehörenden Lehminsel Beveroe. Um das Wasser aus diesem Noor zu schöpfen wurden zwei Windmühlen errichtet. Davon erhalten geblieben ist die 1824 erbaute Mühle "Charlotte". Sie beförderte mittels einer Schöpfschnecke das Noorwasser in die Geltinger Bucht.

Neben den geführten Wanderungen sind es aber vor allem auch Einzelwanderer oder kleine Gruppen, die sich auf den etwa zehn Kilometer langen Weg rund um die Birk machen. Über den Deich zwischen dem Geltinger Noor und der tiefliegenden Weidefläche des alten Beveroer Noores geht es an den skurilen Bäumen, genannt Windflüchter, weiter bis zur Naturschutzwarthütte. Es folgt der Rundwanderweg auf dem Deich. Er wird im Juli/August von blühenden Brombeeren, Heckenrosen, Weidenröschen, blutrotem Storchenschnabel und Strandnelken gesäumt. Nach dem Eichenkratt mit seinen Krüppeleichen ist dann bald Falshöft mit seinem Leuchtturm, als Ziel der Wanderung (2 - 3 Std.) erreicht. In den Monaten Juli und August kann der Rückweg gemütlich per Kutsche über die Straße zurückgelegt werden.

Der Touristikverein Ferienland Ostsee Gelting - Maasholm hält in den Tourist-Informationen Gelting und Hasselberg-Kieholm weitere Einzelheiten und Termine bereit.

Zentralanschlüsse:
Tel. 04643 / 7 77, Fax 04643 / 4 42.
E-mail: info@ferienlandostsee.de · Internet: www.ferienlandostsee.de.

Polizei: Notruf 110
Polizei-Posten
Süderholm 18, 24395 Gelting,
Tel. +49(0)46 43-710

Seenotrettung:
Rettungskreuzer „Nis Randers",
Maasholm",
Tel. +49(0)46 42-6054

Zoll:
Maasholmer Zollschiffstation
Tel. +49(0)46 42-6244

Taxen:
Werner Döhrwaldt
Funk-Taxen, Mietwagen,
Kleinbusse, Dialysefahrten
Nordstraße 1, 24395 Gelting
Tel. +49(0)46 43-909

Tierärzte:
Heike Madsen
Norderstraße 9, 24395 Gelting
Tel. +49(0)46 43-18 69 69

Zahnärzte:
Dr. Bernd Seifert
Schmidsberg 5, 24395 Gelting,
Tel. +49(0)46 43-1880-0
Knud Thomsen
Raiffeisenstraße 1, 24395 Gelting,
Tel. +49(0)46 43-23 22

Cafés, Gaststätten, Restaurants:

Dat Strandhus
24395 Wackerballig
Tel. +49(0)46 43-690

Gasthof Gelting
Norderholm
24395 Gelting
Tel. +49(0)46 43-2203

Landkrog Gelting
Süderholm 16
24395 Gelting
Tel. +49(0)46 43-2218

Restaurant Café „Fähr-Café"
24395 Bonsberg
Tel. +49(0)46 43-2466

Restaurant Café Seeblick
24395 Hunhoi
Tel. +49(0)46 43-2255

Geltinger Pesel
Norderholm 9, 24395 Gelting
Tel. +49(0)46 43-2791

Restaurant "Poseidon"
Schmiedestraße 1, 24395 Gelting
Tel. +49(0)46 43-2500

⑲ Yachthafen Gelting Mole

54°, 45,3' N, 9°, 51,8' E
Orfeld 1, 24395 Gelting-Niesgrau,
Tel.: +49 (0) 46 43-22 35

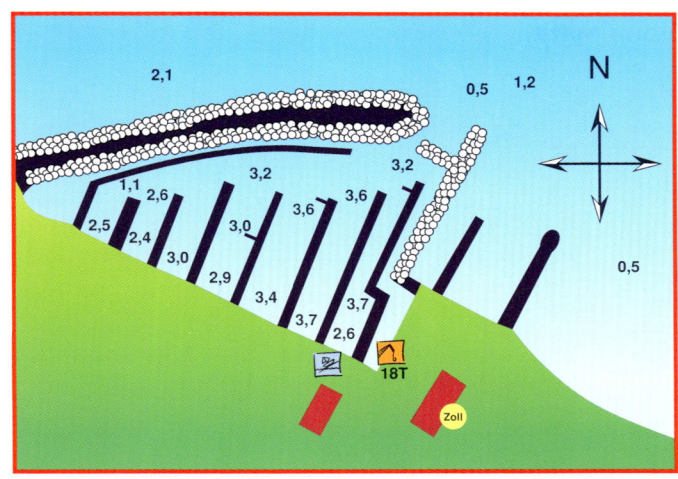

Dieser Yachthafen ist seewärts gut durch die weiße Windmühle "Charlotte" zu erkennen. Ein Richtfeuer bezeichnet die Ansteuerung (178,7°). Durch den ehemaligen Fährhafen bietet der Yachthafen auch größeren Schiffen (bis ca. 30 m) hervorragende Liegeplätze. Hier bieten sich Ihnen direkte Einkaufsmöglichkeiten, Zollstelle, Sauna und gemütliche Restaurants. Maritime Dienstleister wie Yachtausrüster und Segelmacher befinden sich direkt vor Ort. Weitere Versorgungseinrichtungen finden Sie in Gelting (ca. 2,5 km).
Ein Besuch des Naturschutzgebietes Geltinger Birk ist sehr empfehlenswert.

Foto: Bernt Hoffmann

⑲ Yachthafen Gelting-Wackerballig

54°, 45,5' N, 9°, 52,6' E
Wackerballig 40, 24395 Gelting,
Tel.: +49 (0) 46 43-29 11

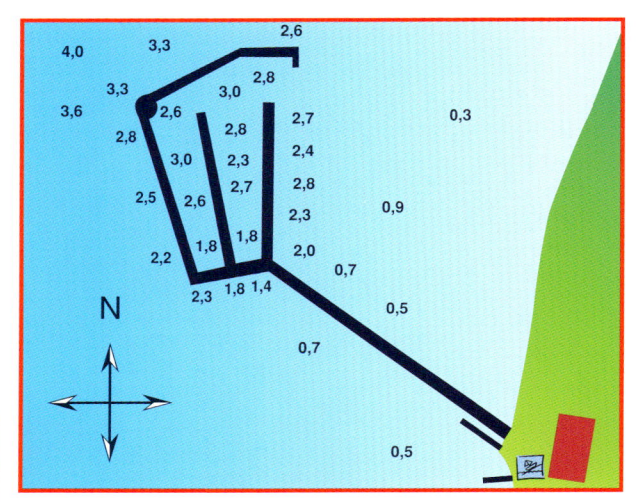

... hat freie Plätze für Gastanleger durch grüne Schilder gekennzeichnet. Die Hafeneinfahrt befindet sich auf der zum Land hinweisenden Seite und ist dadurch nachts etwas schwieriger anzusteuern als tagsüber, ist aber nachts beleuchtet. An Land finden Sie ein Restaurant, ein Hafenmeisterbüro mit modernen sanitären Einrichtungen, einen Kinderspielplatz, Tretbootverleih so-wie einen Zeltplatz.

Beim Hafenmeister werden Tauch- und Sportangelausflüge angeboten. Das Dorf Gelting mit seinen Versorgungsmöglichkeiten ist knapp zwei Kilometer entfernt. Lohnend sind Spaziergänge in das nahe Naturschutzgebiet Geltinger Birk.

Foto: Bernt Hoffmann

360°

... rund um die Flensburger Förde
... omkring Flensborg Fjord

Kappeln

Hotel & Restaurant Alte Schiffsgalerie ★★

Wer in die " Alte Schiffsgalerie " einkehrt, meint sich für einen Moment in einem Schifffahrtsmuseum.
Über 150 Schiffsmodelle, Galionsfiguren, Kapitänsbilder, Buddelschiffe und andere maritime Raritäten geben der Gaststätte eine urgemütliche Atmosphäre.
Doch auch die gutbürgerlich zubereiteten Gerichte verdienen Ihre Aufmerksamkeit, denn hier kocht die Chefin noch selbst.
Für Feiern bis 80 Personen steht ein großer Saal zur Verfügung.

Flensburger Straße 17 · 24376 Kappeln
Tel. +49 (0) 46 42 – 9 11 5-0 · Fax +49 (0) 46 42 – 9 11 5-44
urlaub@alte-schiffsgalerie.de
www.alte-schiffsgalerie.de

Raddampfer Schlei Prinzess

Vom Heimathafen Kappeln aus werden von April bis Ende Oktober täglich Ausflugsfahrten auf der Schlei angeboten.
Mit unserem Panoramaschiff "Förde Princess" bieten wir außerdem Fahrten auf der Flensburger Förde an.

Auskünfte und Reservierung:
Direkt am Fahrkartenschalter am Hafen oder unter Tel. 0 46 42 – 65 32
Fragen Sie auch nach unseren speziellen Angeboten für Gruppenreisen.

Am Hafen · 24376 Kappeln
Tel. +49 (0) 46 42 – 65 32 · Fax +49 (0) 46 42 – 60 92
schleiraddampfer@t-online.de
www.schleiraddampfer.de

Kappeln an Schlei und Ostsee lädt sie zu einem unbeschwerten Urlaub ein.

Die idyllische Hafenstadt Kappeln liegt in einer der schönsten Landschaften Schleswig-Holsteins und ist das Zentrum einer Urlaubsregion. Stilvolle Bauten, beschauliche Straßen, Cafés, Restaurants und Geschäfte laden zu einem Bummel und zum Verweilen ein.

Besonders sehenswert ist Mühle "Amanda" (1888) in der sich neben der Tourist-Information auch das standesamtliche Trauzimmer der Stadt Kappeln befindet, sowie das historische Sägewerk an der Mühle, die St. Nikolai Kirche (1798-93) der Museumshafen oder das Schlei Museum.

In der Saison sorgen zudem die vielen unterschiedlichen Veranstaltungsangebote Kappelner Vereine und Institutionen für einen kurzweiligen Aufenthalt.
Ein Erlebnis der ganz besonderen Art ist die Fahrt mit der Museumsbahn.
Mit Getute und Getöse verkehrt sie hauptsächlich in den Sommermonaten nach einem eigenen Fahrplan zwischen Kappeln und Süder-brarup.

Ebenfalls bekannt ist Kappeln durch die beliebte ZDF-Serie "Der Landarzt",
denn "Deekelsen" ist Kappeln.

Weitere ausführliche Informationen über Kappeln sowie eine detailierte Veranstaltungsübersicht finden Sie im Internet unter:

www.kappeln.de
oder erhalten Sie in der Tourist-Information
Mühle "Amanda",
Schleswiger Str.1, 24376 Kappeln
Fon 04642-4027, Fax 04642-5441,
Email: touristinfo@kappeln.de

Wissenswertes rund um Kappeln

Alljährlich am Himmelfahrtstag steht der auf der gesamten Welt wohl einzigartige "Ellerberger Heringszaun" im Mittelpunkt der "Heringswette", bei der geladene Gäste mit einem Watteinsatz von 75 EUR das Fangergebnis schätzen müssen. Der Gewinner wird für ein Jahr zum Heringskönig proklamiert. Die Gäste und Bürger der Stadt schließen ihre Wetten nach der Stückzahl ab und erhalten schöne Gewinne.

Wertvolle Bilder und Gemälde, Kapitäns- und Hinterglasbilder längst vergessener Segler und Dampfer, sowie Schiffs-, Halb- und Panoramamodelle, Gallionsfiguren, Dioramen bietet das Schleimuseum alten Seebären und echten Landratten!

Die Heimat der Oldtimerschiffe des Museumshafen ist die Schlei. Knapp 20 liebevoll restaurierte Oldtimerschiffe liegen hier am Steg. Prunkstück des Museumshafen ist Deutschlands ältester Dampfschlepper "Woltmann".

Unternehmen Sie auch einen Abstecher nach Arnis, die kleinste Stadt Deutschlands!
Arnis wurde schon 1667 gegründet und zählt nur ca. 380 Einwohner.
Arnis liegt auf einer Schlei-Halbinsel, weshalb fast jedes der gepflegten Häuschen entlang der einzigen Straße einen eigenen exquisiten Schleizugang hat.
Auf dem Hügel steht das Wahrzeichen, die Schifferkirche mit Votivschiffen. Die Legende berichtet, dass die schmuckvolle alte Kanzel von einer Sturmflut angespült wurde.
Von einem Spaziergang durch dieses idyllische Städtchen werden Sie begeistert sein.

Hotel & Restaurant Aurora ★★★

Auch weithin bekannt als die "Landarztkneipe" liegen wir im Herzen der Altstadt von Kappeln. Als gemütliches 45-Betten Hotel mit modern eingerichteten Zimmern haben wir für Sie ganzjährig geöffnet.
Sitzen auch Sie am „Landarzt -Stammtisch" (bekannt aus der gleichnamigen Fersehserie "Der Landarzt") oder lassen Sie sich von uns auf unserer sonnigen Terrasse mit einer Vielzahl leckerer Speisen verwöhnen.
Egal ob Frühstück, Fischspezialitäten, Steaks und Fleischgerichte, bei uns findet jeder etwas für seinen Geschmack.

Rathausmarkt 6 · 24376 Schleswig
Tel. +49 (0) 46 42 - 40 88 · Fax +49 (0) 46 42 - 50 88
hotel@aurora-Kappeln.de
www.aurora-Kappeln.de

Kurze Geschichte der Stadt Kappeln

Hans-Peter Wengel

An einer schmalen Furt der Schlei entstand in frühgeschichtlicher Zeit am hohen Ufer ein kleiner Fischerort und eine Kapelle, die dem Ort den Namen Kappeln gab. Das zeigt sich auch im Wappen der Stadt, die Heringe und der hl. Christophorus, der Schutzheilige der Fährleute und Reisenden. Nach dem Abriß der alten Kirche wurde die Nokolaikirche im Barock-Stil 1789-1793 neu erbaut. Dieses Wahrzeichen wird als „Perle spätbarocker Backstein-Architektur" bezeichnet.

Über die Besiedlung in vorchristlicher Zeit ist kaum etwas bekannt. Kappeln wird jedoch bereits 1357 in einer lateinischen Urkunde als „dat Dörp tho Cappel" erwähnt. Über Erbauseinandersetzungen gelangte der Flecken Kappeln 1406 an das Domkapital zu Schleswig, das es behielt, bis es 1533 an Henneke von Rumohr zu Roest verkauft wurde. Dieser Gutsherr und seine Erben blieben mehr oder weniger bis 1797 Patron und Gerichtsherr über Kappeln.

In diese Zeit fällt auch die Gründung der Junge-Leute-Gilde von 1670 die „Türkengilde". Sie besteht auch noch heute, genauso wie die „Männergilde" von 1651. Der Landgraf Carl von Hessen kaufte 1797 den Flecken Kappeln und hob 1799 die Leibeigenschaft auf. Damit tritt auch am 19. Juli 1805 eine neue Gerichts- und Verwaltungsordnung in Kraft. Nach den erfolgreichen Befreiungskriegen von Dänemark, wurde am 1. September 1867 die preußische Ordnung eingeführt. Nach der Trennung von Justiz und Verwaltung durfte Kappeln am 7. März 1870 den Titel „Stadt" annehmen. Ab 1. Januar 1974 schließen sich die Gemeinden Kappeln, Kopperby und Mehlby nach dem Grenzänderungsvertrag zu einer Großgemeinde zusammen, dadurch erhöhte sich die Einwohnerzahl auf ca. 10.000.

Um die Brückenfunktion zwischen Angeln und Schwansen herzustellen, wurde jahrhundertelang eine Fährverbindung aufrechterhalten. 1867 wurde eine Pontonbrücke errichtet, die 1927 von der jetzigen Drehbrücke abgelöst wurde.

Eine weitere Sehenswürdigkeit ist der letzte Heringszaun in der Schlei. Als Heringfangeinrichtung aus dem 15. Jahrhundert ist er immer noch in Betrieb. Jedes Jahr zu Himmelfahrt, an den „Heringstagen", dem großen Kappelner Stadtfest, wird der Tagesinhalt des Netzes von Prominenten geschätzt. Diese Fangeinrichtung ist einzigartig in Europa.

Kappeln ist eine Garnisonstadt. Mit dem Bau des Marinestützpunkte Olpenitz wurde 1959 begonnen, der z.Zt. Deutschlands größter Marinehafen in der Ostsee ist, mit über 2.500 Soldaten.

Der Tourismus ist das zweite Standbein der kleinen Stadt an der Schlei. Jedes Jahr buchen viele tausend Urlauber hier ihr Quartier, auch um den Drehort „Deekelsen" der Fernsehserie „Der Landarzt" zu besuchen. Gemütlich durch die „Filmstadt" zu bummeln und in der „Landarztkneipe Aurora" am Rathausmarkt sich zu erfrischen, sehen und gesehen werden. Wassersportler aus allen Teilen der Welt, finden immer ein Liegeplatz an der schönen Schlei. Städtefreundschaften bestehen mit der dänischen Stadt Faaborg und der polnischen Stadt Ustka (Stolpmünde).

㉑ Yachthafen Schleimünde

54°, 40,2' N, 10°, 02,1' E
Schleimünde
Tel.: +49 (0) 46 22-9 12

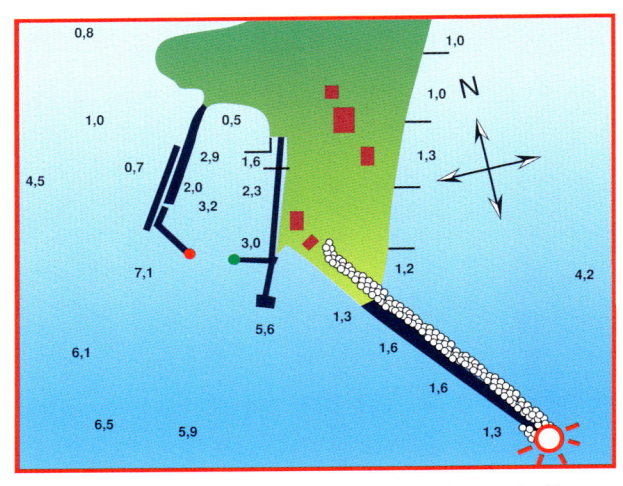

... idyllischer, kleiner Hafen mit Zeltmöglichkeit direkt an der Schleimündung. Von Land aus nicht erreichbar - deshalb besonders ruhige Lage. Ideal für Familien mit Kindern. Keine Autos, Motorräder, traumhafte Stille und Natur pur. Bademöglichkeit am Ostseestrand. Schwellschutz, Hafeneinfahrt befeuert. Müll darf nicht zurückgelassen werden. 19 große Boxen mit Heckpfählen, als Gast-Liegeplätze. Führungen in das Vogelschutzgebiet. Info-Zentrum im ehemaligen Lotsenhaus. Strom auf den Stegen. Sanitärgebäude. Gemütliche Gaststätte, die "Giftbude" mit kleiner Speisekarte.
Besondere Spezialität: frische Fischgerichte.

Foto: Bernt Hoffmann

㉒ Yachthafen Maasholm
54°, 41,0' N, 9°, 59,0' E
Uleweg, 24404 Maasholm,
Tel.: +49 (0) 46 42-65 71

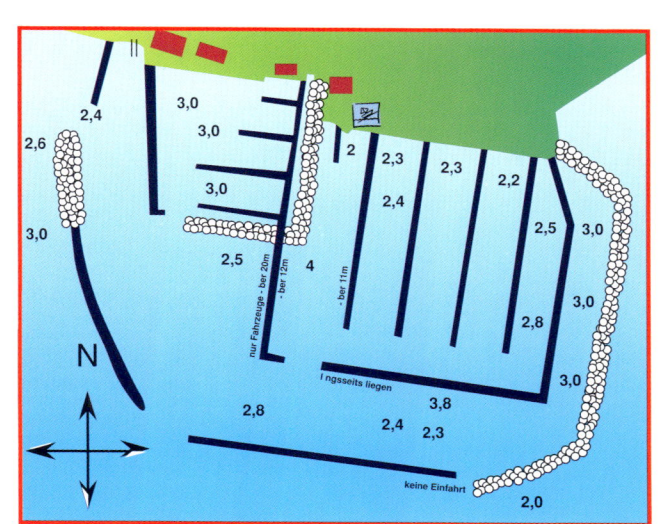

... bietet mit seinem neuen, großen Yachthafen fast 450 Liegeplätze, die in Richtung Ostsee kleiner werden. Deshalb müssen größere Yachten an den ersten Stegen bleiben. Freie Plätze sind gekennzeichnet durch grüne Schilder. Die Tiefe beträgt auch an den Enden der Stege noch mindestens 2,2 Meter. Eine Slipanlage und ein Mastenkran sind vorhanden. Maasholm ist ein altes Fischerdorf und bietet alle Versorgungsmöglichkeiten. Hinter dem Hafenparkplatz befinden sich die sanitären Einrichtungen. Ein schöner Spaziergang führt am Ufer entlang um das auf einer Halbinsel liegende Dorf herum in Richtung Kappeln.

Foto: Bernt Hoffmann

22 Yachthafen Maasholm-Modersitzki

54°, 41,2' N, 9°, 59,3' E
Norderstraße 115, 24404 Maasholm
Tel.: +49 (0) 46 42-60 13

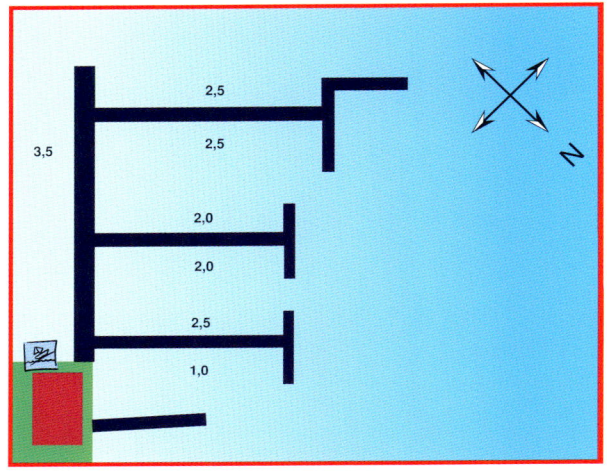

... kleiner, privater Werfthafen im Nordwesten von Maasholm. Grüne Schilder weisen freie Liegeplätze aus. Der Hafen befindet sich im sogenannten Wormshöfter Noor und verfügt eine Wassertiefe von 3 bis 1,4 Metern. Im Werftbüro kann man die Schlüssel für die Sanitäranlagen bekommen. Verschiedene Restaurationen direkt am Hafen.
Das Zentrum des Dorfes Maasholm mit seinen vielfältigen Versorgungseinrichtungen ist schnell erreicht. Wir bieten auch Winterlager mit Serviceleistungen für Segelyachten und Motorboote an.

Foto: Bernt Hoffmann

Unser kleiner Eßdolmetscher

Autor: Bernd Grosser, Anne Kämper-Grosser

franskbrød	eigentlich „französisches Brot", Weißbrot
rundstykke	wie in Hamburg „Rundstück": Brötchen
mælk	Milch. Vorsicht: Sødmælk 3,8 % Fett, letmælk 1,5 %, skummetmælk 0,5 %, kærnemælk (Buttermilch)
gamle Ole	„alter Ole" – abgelagerter Danbo (Käse)
gamle Oles far	der Vater des alten Ole – entsprechend älter
gamle Oles bedstefar	der Opa des alten Ole – echt stark!
smørrebrød	eigentlich "Butterbrot"; opulent belegt, kulinarisch und optisch ein Leckerbissen
boller	weiche süße Brötchen, auch mit Rosinen erhältlich
wienerbrød	in Deutschland sinnigerweise oft „Kopenhagener" genannt
æblekage	Apfelmus und geröstetes Paniermehl in Schichten in einer Schüssel, obendrauf geschlagene Sahne, muß gelöffelt werden.
æbleskiver	Förtchen: kugelrunde Pfannkuchen in einer speziellen Pfanne gebacken; in die Mitte kann ein Stückchen Apfel gegeben werden
rødgrød med fløde	Rote Grütze mit Sahne; der Ausdruck auch öfters Test dafür, ob jemand dänische Aussprache beherrscht.
akvavit	Schnaps, oft mit viel Kümmel
øl	Bier, viele verschiedene unterschiedlich starke Sorten, manche nur zu bestimmten Zeiten: „Julebryg" Weihnachtsbräu, „Påskebryg" (Osterbräu)
frokost	das, was in englisch „Brunch" genannt wird: eine Mischung aus Frühstück und Mittag, meistens kalte Speisen
brændende kærlighed	„brennende Liebe", Rübenmus bedeckt mit gebratenem Speck und Zwiebeln; ein deftiges Herbstgericht
sild	eingelegte Heringe in verschiedenen Tunken, sehr viele Varianten
pølse	Würstchen, in Imbissbuden oft rot eingefärbt
medisterpølse	runde Bratwurst
spegepølse	ein Art Salami, rot eingefärbt
hotdog	dänische Spezialität an Imbissbuden: Eine Wurst in ein aufgeschnittenes Brötchen, mit Senf, Ketchup und Remoulade, Gurkensalat und gerösteten Zwiebeln; besonders lecker mit rohen Zwiebeln. Man sagt, die besten Hotdogs in Dänemark gibt es in Sønderhav bei den Ochseninseln, daher bei Seglern beliebte Anlaufstelle, daher auch der Name „Hotdog-hav" (Hotdog-Hafen)
anretning	die Krönung zum Schluß: Ein Buffet mit kalten und warmen Speisen: Fisch, kleine warme Gerichte, Käse, Obst. Unser Tipp! Hat noch keiner aufessen können! Vorsichtig anfangen, äußerste Zurückhaltung beim Brot!

Birnen, Bohnen und Speck	Eintopf und Sommeressen, wenn die Bohnen gerade reif, die Birnen noch grün und der Schinken kurz vorm Ende sind.
Mehlbeutel	Ein auf geräuchertem Schweinefleisch gekochter Mehlkloß mit süßen und deftigen Zutaten – zugleich!
Buchweizengrütze	In Salzwasser gegarter Buchweizen (ein selten gewordenes Getreide) wird heiß mit einem Stück Butter und Zucker gegessen. Da es früher ein alltägliches Lebensmittel war, gibt es zahlreiche Varianten.
Karamelkartoffeln	kleine Pellkartoffeln, die ganz oder zerschnitten in gebräunter Butter und Zucker in der Pfanne karamellisiert werden; ein Genuß zu Grünkohl.
Möweneier	oft an der Schlei/Möweninsel; müssen hart gekocht sein.
Groter Hans	eine Art Brotauflauf mit Eiern und Rosinen
Stippe	Speck in heller Mehlschwitze; ursprünglich ein Essen, wenn am Ende des Geldes noch so viel Monat übrig war.
Strammer Max	Brot mit Spiegelei in vielen Varianten: Salami, Schinken, Käse,
Labskaus	Eintopf aus Rindfleisch, Kartoffeln, Salzgurken, Matjes und roter Bete, wird mit Rollmops und Spiegeleiern gegessen.
Schwarzsauer	In auf Schweinefleisch gekochte Brühe wird frisches Schweineblut gerührt; wird mit Mehlklößen gegessen – soll gut schmecken!
Sauerfleisch	Dicke Rippen, sauer gekocht und in Aspik eingelegt.
Schnüsch	Übersetzung etwa: "Quer durch den Garten". Verschiedene Sommergemüse werden gegart und anschließend in Milch aufgekocht, wird mit geräuchertem Schinken gegessen. Der Name klingt ungewöhnlich und schmeckt auch so: nämlich gut!
Gestovte Kartoffeln	in helle Mehlschwitze mit Milch geschnittene Kartoffeln; es gibt auch gestovte Erbsen, Wurzeln, Bohnen, etc.
Fischfrikadellen	Fisch, Speck und Zwiebeln durch den Fleischwolf gedreht, mit Ei und Gewürzen zu Frikadellen geformt; kann sehr lecker sein.
Rübenmus	auf geräuchertem Fleisch gekochte Mischung aus Steckrüben und Kartoffeln, wird mit Kochwurst gegessen.
Matjes	sauer eingelegter Hering (siehe auch „sild"), aber nur eine Geschmacksrichtung.
Kopenhagener	Blätterteiggebäck mit Füllung aus Plaumenmus, Marzipan oder Marmelade, siehe auch „wienerbrød"
Muck	Mischung aus Limonade und Korn: äußerste Vorsicht, denn man schmeckt den Alkohol fast nicht; für manche gab es schon ein böses Erwachen.
Angler Muck	heiß und mit Rum
Teepunsch	Tee mit einem Schuß „geele Köm" von der Firma Hermann G. Dethlefsen und etwas Zucker.
Pharisäer	hat einen langen biblisch/historischen Hintergrund; ist: Kaffee mit einem Schuß Rum und geschlagene Sahne obendrauf.

Maritime Adressen:

806-er Office Jeschonnek, Otto ● S. 57	Moltkestraße 26, 24937 Flensburg www.806er.de, e-mail:info@806er.de Telefax: +49(0)461-59941 Telefon: +49(0)461-56659	**Bootsmotoren Thiesen** ● S. 173	Wartungs- u. Pflegedienst An der Nybro 24, 24943 Tastrup Telefax: +49(0)461/9092789 Telefon: +49(0)461-97273
Alexandra	Förderverein Salondampfer, Rundfahrten Schiffbrücke 22, 24939 Flensburg Telefon: +49(0)461-21232	**C.J. skibs- & både -byggeri ApS** ● ●	Havnevej 15, DK 6320 Egernsund Telefax: +45 74440940 Telefon: +45 74440930
Angelgeräte ●	**H.Hansen** Ostlandring 21, 24955 Harrislee Telefon: +49(0)461-74197	**Contec GmbH** ●	Sachverständiger, Besichtiger Holm 17, 34937 Flensburg, Kap. R.Nespithal, www.contec.cx Mobil: 0173-2492639 Telefax: +49(0)461-13654 Telefon: +49(0)461-3155760
Angelsport Center ●	Ochsenweg 72, Flensburg Telefax: +49(0)461-31330 Telefon: +49(0)461-91514	**Dantronik Marine GmbH & Co. KG,** ● ●	Navigation, Yachtelektronik, Funk Fahrensodde 20, 24944 Flensburg, www.dantronik-marine.de, dantronik-marine@t-online.de Telefax: +49(0)461-3133-200 Telefon: +49(0)461-31330
biehlmarin Knut Biehl ● ● S. 172	Wrangelstraße 10 24937 Flensburg, www.biehlmarin.com Telefon: +49(0)461-581188	**DB Cargo Logistik Zentrum Flensburg,** ●	Agentur der TRANSA Spedition Husumer Straße 200, 24941 Flensburg Telefax: +49(0)461-861359 Telefon: +49(0)461-861358
Baltic Bereederung GmbH & Co KG ●	Befrachtung Bahnhofstr. 23, 24937 Flensburg E-mail:flenship@foni.net Telefax: +49(0)461-14456-44 Telefon: +49(0)461-14456-0	**Deutsche Schiff- fahrtstreuhand AG** ●	Große Sraße 3, 24937 Flensburg, Telefax: +49(0)461-14177-22 Telefon: +49(0)461-14177-0
Büttner und Gils Schifffahrt GmbH & Co. KG ●	Seeschiffahrt Munkenholt 10, 24944 Flensburg, E-Mail: bugflensburg@-online.de Telefax +49(0)461-310123, Telefon: +49(0)461-310124	**Dekra AG,** Klaus Hensel ●	Sportbootsachverständiger Lilientahlstr. 20, 24941 Flensburg Telefon: +49(0)461-51750
		DNS Spedition GmbH ●	Postfach 1416, 24904 Flensburg Mühlendamm 23,23937 Flensburg Telefax: +49(0)461-13450 Telefon: +49(0)461-13071

TAUWERK FÜR HÖCHSTE ANSPRÜCHE

Seil SANDER seit 1870

- Tauwerk
- Bootsbeschläge und Zubehör
- Segel- und Wetter- bekleidung
- Maritime Geschenke
- Schiffsmodelle

Norderhofenden 10 24937 Flensburg Tel. 0461 - 22002

Sportbootschule Flensburg · Kapt. Christian M. Hansen
Am Kanalschuppen 6 · Flensburg · Tel. 04631 - 442844

● Verkauf ● Schiffsmakler ● Winterlager ● Reederei ● Sachverständiger ● Schiffausrüstung ● Spedition ● Charter ● Reparaturen

Firma	Adresse	Firma	Adresse
Eckell-Jessen & Meyer	Kühlanlagen, Klimatechnik für Sportboote Engelbyerstr. 88, 24943 Flensburg Telefon: +49(0)461-64375	Flensburger Schiffergelag e.V. S. 78	Schiffbrücke 40, 24939 Flensburg Kap. W.Prey Priv.Telefon: +49(0)4631-1298
Edelhoff Events S. 58	Schleswiger Straße 104, 24941 Flensburg Telefax: +49(0)461-98949 Telefon: +49(0)461-96393	Flensburger Schiffbau Gesellschaft mbH & Co. KG	Batteriestr. 52, 24939 Flensburg E-Mail: FSG@FSG.SHIP.de www.fsg-ship.de Telefax: +49(0)461-4940-261 Telefon: +49(0)461-49402-0
Ernst Jacob S. 167	Süderhofenden 12, 24937 Flensburg Telefax: +49(0)461-860466 Telefon: +49(0)461-86040	Flensburger Schiffs-parten-Vereinigung AG	Bahnhof-23, 24905 Flensburg Telefax: +49(0)461-14456-44 Telefon: +49(0)461-14456-0
Fachschule für Seefahrt	Kanzleistraße 91-93, 24943 Flensburg Telefax: +49(0)461-8051909 Telefon: +49(0)461-8051900	Flottenkommando der deutschen Marine	24956 Glücksburg Telefax: +49(0)4631-66644-01 Telefon: +49(0)4631-666-88
Fahnen- Fischer	Wassersportbekleidung, Flaggen Schiffbrücke 23, 24939 Flensburg Telefon: +49(0)461-25802	Handelsschiffahrt, Marine-Schiffahrtleitung	24956 Glücksburg Telefax: +49(0)4631-666-4505 Telefon: +49(0)4631-6663420
FAPO-Sailing S. 56	Norderhofenenden 12 24937 Flensburg Telefax: +49(0)461-13218 Telefon: +49(0)461-13200	Förde Reederei Seetouristik GmbH & Co. KG	Norderhofenden 20, 24937 Flensburg Telefax: +49(0)461-86470 Telefon: +49(0)461-864-0
Flensburger Befrachtungskontor Uwe C. Hansen GmbH & Co. KG	Bahnhofstr. 23, 24937 Flensburg Telefax: +49(0)461-14456-44 Telefon: +49(0)461-14456-0	Flensburger Yacht-Service GmbH S. 64	Am Industriehafen 4, 24937 Flensburg www.fys.de, E-Mail: info@fys.de Telefon: +49(0)461-177270
		Fahrzeugwerke Nord GmbH	Fahrzeuginstandsetzung, Motoren & Teile Vertrieb Werftstraße 24, 24939 Flensburg Telefon: +49(0)461-48110
Flensburger Ingenieurbüro für Schiffstechnik	Schiffahrts- und Havariesachverständiger Rabenslücke 33, 24944 Flensburg E-Mail: isship@-online.de Telefax: +49(0)461-360-15 Telefon: +49(0)461-360-11	Fördetauchschule Kopsch S. 45	Uranusweg 19, 24943 Flensburg Telefon: +49(0)461-63552
		Frömming u. Wiedow GbR	Bootsbau, Brauereiweg 18, 24939 Flensburg Telefon: +49(0)461-470539

Segeln entspannt - unsere Matratzen auch:

VARIONOX®
...meineWohlfühlmatratze.
**Entspannt Körper,
Geist und Geldbörse!**

MARKENQUALITÄT VON TEDSEN
BTE

Für Ihren Körper maßgefertigt, für Ihre Sinne entspannend.

Bernhard Tedsen Zur Bleiche 46 · 24941 Flensburg · Tel. 9 94 06 · www.tedsen.de

173

55° N -Jacken aus Segeltuch handmade ● S. 169	Dorfstraße 29b 24999 Wees Telefax: +49(0)4631-409904 Telefon: +49(0)170/9226263	Heuerstelle Flensburg Holtegel Werner GmbH & Co. KG ● ●	Arbeitsamt Flensburg Waldstraße 2, 24939 Flensburg Telefon: +49(0)461-529-35 Elektromotoren Instandsetzungen Eckernf. Landstr. 71, 24941 Flensburg Telefon: +49(0)461-903420
FYS Marine Flensburger Yacht-Service GmbH ● ● ● ● S. 64	Am Industriehafen 4, 24937 Flensburg www.fys.de, E-Mail: info@fys.de Telefax: +49(0)461-17727-33 Telefon: +49(0)461-17727-0	Haase, Karl Luffe Yachten Immler GmbH, Otto ●	Wacholderbogen 52, Flensburg Telefon: +49(0)461-36529 Campingartikel, Kajaks, Kanus, Schleswigerstr. 99, 24941Flensburg Telefon: +49(0)461-98076
Haar, Rainer ● ● Hafenamt	Bootsmotorenservice Engelsbyerweg 9, Flensburg Telefon: +49(0)461-6085 Norderhofenden 18, 24937 Flensburg hp.hamann@stadtwerkeflensburg.de Telefax: +49(0)461-487-1974 Telefon: +49(0)461-487-1301	IMS- Industrie Marine Service-Nanni Diesel ● ● Institut für Schiffsbe-triebsforschung a.d. Fachhochschule FL	im Autohaus Ramm, Schäferweg 12, 24941 Flensburg Telefon: +49(0)461-503210 Kanzleistr. 91-93, 24943 Flensburg Telefax: +49(0)461-805-1546 Telefon: +49(0)461-805-1228
Hafenverwaltung, FB1 Hannes Spedition GmbH ● Hanseatische Yachtschule	Batteriestr.48, 24939 Flensburg Telefax: +49(0)461-487-1974 Telefon: +49(0)461-4871301 Husumer Str. 70 a, 24941 Flensburg Telefax: +49(0)461-90288-88 Telefon: +49(0)461-90288-0 Segelausbildung, Ausbildungstörns Philosophenweg 1, 24960 Glücksburg Telefon: +49(0)4631-60000	ISI-Transport- u. Ver-packungsmittel GmbH Interessengemeinschaft d. Schiffsmakler FL	Mühlendamm 23, 24937 Flensburg Telefax: +49(0)461-1825667 Telefon: +49(0)461-1825666 Harniskai 7, 24937 Flensburg Telefax: +49(0)461-8076-00 Telefon: +49(0)461-8076-11
Henftling, Ludwig Dipl. Ingenieur ●	Sachverständiger für Traditionsschiffe, Yachten Rudekamp 22, 24960 Glücksburg Telefon: +49(0)4631-440260 email:Henftling.Fl.@t-online.de	Jacob, Ernst (GmbH & Co. KG) ● ● S. 167	Reederei und Schiffsmakler Süderhofenden 12, 24937 Flensburg Telefax: +49(0)461-8604-66 Telefon: +49(0)461-8604-0
Henning, Norbert ●	Vereidigter Sachverständiger Peter-Christian-Hansen-Weg 4, 24939 Flensburg Telefax: +49(0)461-7002036 Telefon: +49(0)461-5043-0	Jürgensen, Christian, Brink & Wölffel ● ● ● ● S. 66	Transitverkauf & Versicherungen Harniskai 7, 24909 Flensburg, E-Mail: cj-bw@t-online.de Telefax: +49(0)461-807600, Telefon: +49(0)461-8077

Jacken aus Segeltuch
JEDE EIN UNIKAT

▸ Alle Größen lieferbar, 98 bis XXL

▸ Jacken aus Dracon, Kevlar, Mylar oder Spinnakertuch

▸ Fleece wählbar, z. B. blau, grau, grün, rot

▸ Alle Motive frei wählbar, z. B. das Klassenzeichen oder die Segelnummer

▸ Jacken mit Kapuze oder Kragen

▸ Westen, kurz oder lang

▸ Auf Wunsch kann das Motiv auch gestickt werden

55°N handmade in Flensburg

N 54° 47′, 37.32 E 9° 25′, 40.65

Peter Reichardt • mobil 0170/922 62 63
fax 04631/40 99 04 • www.55-grad-nord.de

Transitverkauf für Handels- und Sportschiffahrt

CHRISTIAN JÜRGENSEN
BRINK & WÖLFFEL
Schiffsmakler & Umschlags GmbH

FLENSBURG - KAPPELN - ECKERNFÖRDE

Klarierung • Umschlag • Lagerei • Spedition
Befrachtung • Ladungskontrolle • Zollabfertigung

Harniskai 7 - D-24937 Flensburg - Box 1954
Telefon: 04 61-80 77 Fax: 04 61-80 76 00 - Telex: 22829 SHIP D
e-Mail: CJ-BW@T-Online.de

ZVDS
Zentralverband
Deutscher
Schiffsmakler e.V.

Mitglied im Zentralverband Deutscher Schiffsmakler e.V.
und im Zentralverband Deutscher Seehafenbetriebe

---

gaffelsegler.de

Lust auf Mitsegeln? Lust sich den Wind um die Nase wehen zu lassen? Lust einfach mal einzutauchen in eine eigentlich längst vergangene Zeit? Lust auf Gaffelsegler?

Schiffbrücke 24 · 24939 Flensburg · Tel.: 0461/50 50 85 17 · Fax: 0461/160 06 26 · info@gaffelsegler.de

Bootsmotoren Thiesen

in Sonwik - Förderpromende 8

- Ersatzteilverkauf
- Wartung aller namhaften Bootsmotorenhersteller
- einziger Yanmar-Händler in FL.
- Außenbordmotoren (neu und gebraucht)
- AGM Batterien

Mobil: 0172 869 77 33
Tel.: 0461/318 65 00 · Fax: 318 65 01
www.bootsmotoren-thiesen.de
info@bootsmotoren-thiesen.de

● ● ● Niro Petersen

Bootsbeschläge, Liegeplätze
Brauereiweg 16, 24939 Flensburg
Telefon: +49(0)461-42500

● ● Nautischer Verein Flensburg e.V.
S. 78

Hamiskai 7, 24937 Flensburg
Telefax: +49(0)461-807600
Telefon: +49(0)461-807611

● ● Nautor Deutschland-Österreich S. 64

Am Industriehafen 4, 24939 Flensburg
www.nautors-swan.de
info@nautors-swan.de
Telefon: +49(0)461-123230

● ● Museumshafen Flensburg e.V

Herrenstall 11, 24939 Flensburg
Telefon: +49(0)461-22258

● ● Manno, Dirk

Yachtausrüster
Twedter Holz 14, 24944 Flensburg
Telefon: +49(0)461-36096

Lüdke, J.-P./H.-M. KG
Schiffbrücke 24, 24939
Telefax: +49(0)461-807888
Telefon: +49(0)461-41217

Lotsenbrüderschaft

NOK II/Kiel/Lübeck/Flensburg
Brauereiweg 16, 24939 Flensburg
E-Mail: flensburgpilot@kielpilot.de
www.kielpilot.de
Telefon: +49(0)461-8692-26
Telefax: +49(0)461-8692-0

● Lee-Sails GmbH S. 77

Fahrensodde 20
24944 Flensburg
Telefax: +49(0)461-8405211
Telefon: +49(0)461-39935

● Kuhn Spedition KG

Robert-Koch-Straße 56, 24937 Flensburg
E-Mail: info@kuhn-spedition.de
www.kuhn-spedition.de
Telefax: +49(0)461-5701730
Telefon: +49(0)461-57017-0

● ● Robbe & Berking GmbH & Co.KG
S. 15

Silbermanufaktur seit 1874
Klassikervereinigung
Zur Bleiche 47, 24941 Flensburg
Telefon: +49(0)461-96800

● ● ROELOFFS, I.O.

Sicherheits- und Feuerschutzechnik
Postfach 2610, 24916 Flensburg
Telefax: +49(0)461-582259
Telefon: +49(0)461-582258

● ● Reederei Jürgen Speck KG

Schiffbrücke 24, 24939 Flensburg
Telefax: +49(0)461-807888
Telefon: +49(0)461-807824

● ● Petersen Johannes

Am Friedenshügel 26, 24941 Flensburg
Bosch Dienst, Schiffsheizungen, Bordelektrik in Kooperation mit FVS
Telefon: +49(0)461-55900

● Petersen Gert

Marine
Presse- und Informationszentrum
Schwimmbrücken für Sportboothäfen
Sauermannstr. 4, 24937 Flensburg
Telefax: +49(0)4631-666-4406
Telefon: +49(0)4631-666-4400

● ● Petersen GmbH, H. Chr.

Möbelumzüge,
Lagerei, Verschiffung
Hamiskai 7, 24937 Flensburg
Telefax: +49(0)461-8692-26
Telefon: +49(0)461-8692-0

● ● Olen Segel S. 68

Brauereiweg 16, 24939 Flensburg
Telefax: +49(0)461-43554
Telefon: +49(0)461-43534

● Nissen, Hans Werner

Personenschifffahrt
Geschwister Scholl Str.6, 24939 Flensburg
Telefon: +49(0)461-51100

Reparaturen · Charter · Spedition · Schiffausrüstung · Sachverständiger · Reederei · Winterlager · Schiffsmakler · Verkauf

Impressum: Jahresausgabe 2005

Herausgeber: Werkstatt-Verlag B. Borgwardt, 24966 Sörup, Tel.: +49(0)4635-573
Copyright © Werkstatt-Verlag B. Borgwardt
Alle Rechte vorbehalten. Kein Teil des Buches darf ohne schriftliche Genehmigung des Herausgebers fotokopiert oder in irgendeiner anderen Form reproduziert werden.

Satz, Gestaltung, Illustrationen: Design-Werkstatt B. Borgwardt
Gesamtherstellung: Design-Werkstatt B. Borgwardt
Druck: Druckzentrum H. Jung

Printed in Germany

Die Erfassung sämtlicher Daten wurde nach eigenen Erhebungen durchgeführt. Zusätzliche Eintragsergänzungen und Hervorhebungen wurden und werden auf Wunsch berücksichtigt.
Der Verlag übernimmt für die Richtigkeit der Einträge keine Gewähr. Für Schäden die auf Grund fehlerhafter oder unterlassener Eintragungen entstanden sind, wird keine Haftung übernommen.

Die vorhandenen Angaben sind nicht zur Navigation geeignet!

Anzeigen: Design-Werkstatt, B. Borgwardt, 24966 Sörup,
Tel: +49 (0) 4635-573, Fax: +49 (0) 4635-572,
www.360grad-ostsee.de, email: bettina@borgwardt.de

ISBN: 3-9809622-2-9

Sachverständigenbüro f. Schiffsbetriebstechnik, Maschinenbau
Zum Kliff 11, 24944 Flensburg
dipl.-ing.schroeder@t-online.de
Telefax: +49(0)461-314055
Telefon: +49(0)461-314050

Nordehofenden 18, 24937 Flensburg
Telefax: +49(0)461-487-1974
Telefon: +49(0)461-487-1300

Reederei
Nordehofenden 19, 24937 Flensburg
Telefax: +49(0)461-864-44
Telefon: +49(0)461-864-0

Yachtausrüstung
Nordehofenden 10, 24937 Flensburg
Telefon: +49(0)461-22002

Lagerhallen, Umschlag
Husumer 200, 24937 Flensburg
Telefax: +49(0)461-95700-11
Telefon: +49(0)461-95700-0

Schiffskonstruktion, Entwurf
Rabensnücke 33, 24944 Flensburg
Telefax: +49(0)461-36015
Telefon: +49(0)461-34047

Schröder Marine- und Yachttechnik

Seemannsamt FL

Seetouristik GmbH & Co. KG

Sell-Sander

Steckbahn & Peters

Ship-Design Gmbh

Spezialanfertigung Sprayhoods
Pilkentafel 10, 24937 Flensburg
Telefon: +49(0)461-1501611

Schiffsbetriebstechnische Gesellschaft Flensburg e.V. (STGF)
Postfach 2848, 24918 Flensburg
Telefax: +49(0)461-805-1546
Telefon: +49(0)461-8051231

Leif Kiesow
Am Hafen 20 f,
24376 Kappeln
Telefon: +49(0)4642-5310

Yachtcharter, Sportbootausbildung
Brauereiweg 16, 24939 Flensburg
Telefax: +49(0)461-470544
Telefon: +49(0)461-470555

Schlüter, L. Ingenieurbüro f. Schiffstechnik
Rabensnücke 24, 24944 Flensburg
Telefax: +49(0)461-36015
Telefon: +49(0)461-36011

Sailmaker 2000 OHG

Schiffsbetriebstechnische Gesellschaft Flensburg e.V. (STGF)

Schiffsmotoreninstandsetzung & Service

Schlegelmilch, Uwe
S. 68

Römö-Sylt Linie GmbH & Co.KG
Nordehofenden 19-20,
24937 Flensburg
Telefon: +49(0)461-86430
Telefax: +49(0)461-86440

● Reparaturen
● Charter
● Spedition
● Schiffsausrüstung
● Sachverständiger
● Reederei
● Winterlager
● Schiffsmakler
● Verkauf

Mediengestaltung

Digitale Vorstufe

Druck

Weiterverarbeitung

DRUCKZENTRUM HARRY JUNG
GmbH & Co. KG

Von Seemannschaft und Druckmannschaft...

Auf dem Wasser entscheiden Erfahrung,
Können und Teamgeist einer Crew
über die sichere und erfolgreiche Rückkehr
von Regatta oder Urlaubstörn.

Im modernen Unternehmen ist das nicht anders,
wenn herausragende Leistungen erbracht
und große Ziele erreicht werden sollen.
Entscheiden Sie sich für den Erfolg – und eines der modernsten
Full-Service-Druckunternehmen in Schleswig-Holstein.
Sie werden von der Leistungsfähigkeit und Kompetenz
unserer Crew überzeugt sein!

Am Sophienhof 9
24941 Flensburg
Tel. 0461 / 94 00 10 - 0
Fax 0461 / 94 00 10 - 30

Yalim / FKAmedia · Pilz / DZ Harry Jung

www.druckzentrum-jung.de

Sievers, Jürgen
● ●
Yachtelektronik, Service
An der Kirche 20, 24960 Munkbrarup
Telefon: +49(0)4631-7593

Stadtwerke Flensburg
GmbH, Hafenbetrieb
Batteriestr. 48, 24939 Flensburg
hp.hamann@stadtwerkeflensburg.de
Telefax: +49(0)461-487-1650
Telefon: +49(0)461-487-0

STEFFENSEN
GmbH & Co. KG
●
Lagerei
Gutenbergstraße 4, 24941 Flensburg
Telefax: +49(0)461-9995-60
Telefon: +49(0)461-9995-0

Stegner &
Grundner
●
Bootsreperaturen
Schleswiger Str.72, 24941 Flensburg
Telefax: +49(0)461-9030-333
Telefon: +49(0)461-9030-30

Stryi Bootsbau
Bootsbau
Quellental, 24960 Glücksburg
Telefon: +49(0)4631-8276

Surf Pirates
●
Surfausrüstung
Zur Bleiche 44, 24941 Flensburg
Telefon: +49(0)461-12425

Tapken
●
Werftkontor
Ballastkai 10a, 24937 Flensburg
Telefax: +49(0)461-31337-40
Telefon: +49(0)461-31337-30

Tedsen, Bernhard
GmbH & Co.KG
● ● ● S. 168
Yacht-und Bootspolster,
Neuanfertigung
Zur Bleiche 46, 24941 Flensburg
Telefon: +49(0)461-99406

Transit Transport
Flensburg
GmbH & Co. KG
●
Int. Spedition, Luft- +Seefracht,
Zollabfertigungen
Schleswiger Str. 86, 24941 Flensburg
www.transit-17111.de
Telefax: +49(0)461-9999-199
Telefon: +49(0)461-9999-0

TT projektentwicklung
& consulting GmbH
Niehuser Straße 12
24955 Harrislee-Flensburg
Telefax: +49(0)461-74071
Telefon: +49(0)461-7700200

UK Sailmakers
Deutschland
● ● ●
Dirk Manno & Stephan Voss OHG
Regattasegel, Reffanlagen
Twedter Holz 14, 24944 Flensburg
www.uksailmakers.com
Telefon: +49(0)461-3107460

Waagen Wulff GmbH
● ● ●
Gasanlagen für Sportboote,
Niroverarbeitung, Schiffslager
und Transportböcke
Lecker Chaussee 138, 24941 Flensburg
Telefon: +49(0)461-957990

X -Yachts Agentur
● ●
Christoph Barth Yachthandel
X - Yacht Deutschland
Lise-Meitner-Str.15, 24941 Flensburg
Telefon: +49(0)461-1606666

Yacht & Jolle
● ● ●
Bootshandel, Bootstrailer,
Selbstbau, Beratung, Notdienst
Batteriestr. 59, 24939 Flensburg
Telefon: +49(0)461-8400456

Yachtfoto Beeke
●
Am Friedenshügel 43,
24941 Flensburg
Telefon: +49(0)461-55600

Yacht-photography,
Bernt Hoffmann
●
Fotodesign & Medienkonzepte
Auf dem Feld 8, 24944 Flensburg
Mobil: 0171-198 99 26
www.Nord-Blick.de
E-mail: info@Nord-Blick.de
Telefax: +49(0)461-3 80 86
Telefon: +49(0)461-38006

Yachttechnik 2000
● ● ●
Jürgen Hopp
Yachtelektronik, Service
Brauerei Weg 16, 24939 Flensburg,
yachttechnik2000@foni.net
Telefax: +49(0)461-8404606
Telefon: +49(0)461-65690

Yachtcharter und
Sportbootfahrschule
● S. 68
Schlegelmilch
Brauereiweg 16, 24939 Flensburg
Telefon: +49(0)461-470555

Yachtversicherungen
>Nobby<
K. + N. Reimers
Taruper Hauptstr. 57a,
24943 Flensburg
Telefax: +49(0)461-4902262
www.nobby-yachtversicherungen.de
Telefon: +49(0)461-4902260

Yachtzentrum
Nord A/S
● ● ● ●
Nybølnorvej 16, 6310 Broager
Telefon: +45-73-441044

Yachten Koesling
● ● S. 67
Vercharterung von Touren &
Regattayachten
Kielsweg 7, 24937 Flensburg
www.yachtenkoesling.de
Telefax: +49(0)461-16892-29
Telefon: +49(0)461-16892-0